„1. Verlangen wir, in Betten zu schlafen…."

Materialien und Dokumente zur Geschichte der NGG-Verwaltungsstelle Frankfurt

Festschrift zum 100-jährigen Jubiläum
der Fachgruppen Bäcker und Brauer im Jahre 1984

Erweitere Neuauflage 2016

HEINRICH-KAUFMANN-STIFTUNG

Herausgegeben

im Auftrage des Vorstandes der Gewerkschaft
Nahrung-Genuss-Gaststätten, Verwaltungsstelle Frankfurt

von Burchard Bösche

Frankfurt am Main 1984

Neuauflage 2016

durch die Gewerkschaft Nahrung-Genuss-Gaststätten,
Region Rhein-Main

und die Heinrich-Kaufmann-Stiftung, Hamburg

Satz und Layout:
Silke Wolf, grafik@hamburg.de

Herstellung und Verlag: BoD - Books on Demand, Norderstedt

2016

ISBN: 9783739222196

Inhalt

Anmerkung des Herausgebers zur Neuauflage 2016

Das vorliegende Buch ist 1984 in erster Auflage als Festschrift zum 100jährigen Jubiläum der Frankfurter NGG-Fachgruppen Bäcker und Brauer erschienen, deren Gründung sich auf das Jahr 1884 datieren lässt. Eigentlich wollten wir damals das 100jährige Jubiläum der Verwaltungsstelle feiern, aber die Recherchen zu der Festschrift führten zu der Erkenntnis, dass die gewerkschaftlichen Wurzeln in Frankfurt viel tiefer reichen, mindestens zurück bis ins Revolutionsjahr 1848, und dass es neben den Bäckern maßgeblich die Tabakarbeiter waren, die die frühe gewerkschaftliche Organisierung vorangetrieben hatten. Die Gewerkschaft NGG insgesamt führt ihr Entstehen auf die Gründung des Allgemeinen Deutschen Cigarrenarbeitervereins 1865 in Leipzig zurück. Die Frankfurter Unterlagen belegen, dass die Initiative zu einem guten Teil aus Frankfurt kam, so dass wir 1984 vollmundig erklärten: „Wir haben die NGG gegründet." Schließlich hatte der Gründer Friedrich Wilhelm Fritzsche auch zugesagt, den Sitz des neuen Vereins nach Frankfurt zu legen.[1]

Die Gewerkschaft NGG hat viel für die Aufarbeitung ihrer Geschichte getan. Zuerst ist dabei das grundlegende Buch von Willy Buschak zu nennen: „Von Menschen, die wie Menschen leben wollen", und auch die sehr ansehnliche Festschrift zum 150jährigen NGG-Jubiläum: „Vom Vorleser zum Mindestlohn". Dazu gehören auch die alten Organisationsfahnen, die seit Horst Brehms Zeiten im Bildungszentrum Oberjosbach hängen. Daneben behalten regionale Schriften ihren Wert, da sie im Detail nachvollziehbar machen, wie unsere Organisationen entstanden sind, was bei dem großen Überblick manchmal schwer verständlich ist. Deshalb erscheint nach 32 Jahren diese Neuauflage.

Hamburg, April 2016

Burchard Bösche

---

[1] Buschak, Fritzsche, S. 25

1848 sind die Frankfurter Bäckergesellen mit den Forderungen angetreten, in Betten zu schlafen, statt auf der Werkbank, und alle 14 Tage einen freien Tag - besser gesagt, eine freie Nacht - zu bekommen.

Welche Wegstrecke liegt zwischen diesen Forderungen und unseren heutigen, durch viele Tarifverträge, Betriebsvereinbarungen und arbeitsrechtliche Gesetze geregelten Arbeitsbedingungen.

Die vorliegende Festschrift macht klar, dass uns die geregelten Arbeitszeiten, die freien Tage, der Jahresurlaub und der tariflich gesicherte Lohn nicht in den Schoß gefallen sind.

Alles musste von den gewerkschaftlich organisierten Kolleginnen und Kollegen den Arbeitgebern in vielen mühevollen Verhandlungen und manchmal in harten Kämpfen abgetrotzt werden.

Manchmal waren die Auseinandersetzungen so hart, dass die Mitgliedschaft eines gewerkschaftlichen Vereins am Ort völlig aufgerieben wurde, wie es 1889 den Frankfurter Brauern ergangen ist.

Aber immer wieder fanden sich Kolleginnen und Kollegen, die die Arbeit aufgenommen und in zähem Ringen die Organisation ausgebaut haben.

Wir verdanken ihnen unendlich viel.

Wir haben die zermürbenden, menschenverachtenden Arbeitsbedingungen überwunden, wie sie in dieser Schrift so anschaulich beschrieben werden. Wir haben damit den Spielraum geschaffen, der auch den Arbeitern erlaubt, ein Familienleben zu haben, Freizeit zu genießen und am kulturellen Leben teilzunehmen.

Viele der früheren Arbeitsbedingungen sind mit den heutigen nicht mehr zu vergleichen. Aber wenn wir uns umschauen, dann entdecken wir, dass neue Probleme entstanden sind.

Immer mehr Maschinen ersetzten die menschliche Arbeitskraft, die Arbeitslosigkeit von Millionen ist für uns unerträglich, der oft von Maschinen vorgegebene Arbeitsdruck in den Betrieben wächst und das Kontrollnetz der elektronischen Datenverarbeitung zieht sich immer enger.

Wir können uns daher nicht auf das Bewahren des früher Erreichten beschränken. Wir müssen uns aktiv den neuen Herausforderungen stellen.

So hat unsere NGG mit dem Abschluss vieler Vorruhestandstarifverträge in jüngster Zeit einen wichtigen Beitrag zur Bekämpfung der Arbeitslosigkeit und zur Humanisierung der Arbeit geleistet.

Wir können stolz auf die Geschichte unserer Organisation zurückblicken. Aber damit wir uns dieser Geschichte würdig erweisen, müssen wir auf dem Posten sein, um das Erreichte zu bewahren und neue Gefahren abzuwehren.

Frankfurt, November 1984

Günter Döding
1. Vorsitzender der Gewerkschaft Nahrung-Genuss-Gaststätten

Einleitung

1984 bestehen die Fachgruppen BÄCKER und BRAUER in der NGG-Verwaltungsstelle Frankfurt 100 Jahre.

Aus diesem Anlass gibt der Verwaltungsstellen-Vorstand die vorliegende Festschrift heraus. In ihr sind Dokumente und Informationen über die Geschichte der NGG im Gebiet der heutigen Verwaltungsstelle Frankfurt gesammelt.

Die tägliche Arbeit in einer Verwaltungsstelle lässt es nicht zu, umfangreiche Geschichtsforschungen zu betreiben. Darum stützt sich diese Schrift auf Material, das bereits an anderer Stelle veröffentlicht worden ist. Es ist dennoch außerordentlich reichhaltig und spiegelt damit wider, dass das Rhein-Main-Gebiet schon seit Generationen ein Brennpunkt gewerkschaftlicher Aktivitäten ist.

Eindrucksvoll wird durch die Dokumente belegt, wie schwer die Bedingungen waren, unter denen unsere Vorfahren ihre gewerkschaftliche Arbeit begonnen haben. Belegt wird auch, wieviel seit dem erreicht wurde, das von uns zu bewahren und weiter auszubauen ist.

Mit der Veröffentlichung dieser Schrift ehren wir die vielen oft namenlosen Kolleginnen und Kollegen, die das Fundament geschaffen haben, auf dem wir heute aufbauen.

Frankfurt am Main, Dezember 1984
Der Vorstand der NGG-Verwaltungsstelle Frankfurt

Gesellenbewegung vor der März-Revolution von 1848

Frankfurt ist als Stadt des Handels und des Bankkapitals erst spät industrialisiert worden. In der ersten Hälfte des 19. Jahrhunderts wurde das Nahrungsmittelgewerbe noch weitestgehend zunftmäßig von selbstständigen Handwerksmeistern betrieben. Es existierten nur wenige Fabriken, aber auch die hatten selten mehr als 10 Beschäftigte und waren demnach für unserer Begriffe Kleinbetriebe.

Um 1800 herum gab es etwa ein Dutzend Rauch- und Schnupftabakfabriken. 1812 wurden für Sachsenhausen mehrere Zuckerraffinerien erwähnt und in den 40er Jahren fanden sich in der Gewerbestatistik je eine Branntwein-, Schokoladen-, Kaffee- und Oblaten- und Hostienfabrik. Dagegen wurden 70 Weinhandelsfirmen genannt.[2]

Bei den Bäckern, Bierbauern und Metzgern gab es im Schnitt mehr selbstständige Meister als Gesellen:[3]

	Meister	Gesellen
Bäcker	109	132
Bierbauer	231	118
Metzger	191	114

Die Handwerksgesellen sahen ihre Gesellenzeit nur als Durchgangsstadium, um später selbst Meister zu werden. Gewerkschaftliche Organisationen in unserem heutigen Sinne konnten darum nicht entstehen. Trotzdem haben sich die Gesellen immer wieder zusammengetan, um gemeinschaftlich ihre Situation zu verbessern. Schon aus dem Mittelalter sind gemeinsame Arbeitseinstellungen bekannt, mit denen die Gesellen ihre Forderungen durchsetzen wollten. So ist es im Jahre 1790 in Frankfurt zu einem Streik der Bierbrauergesellen gekommen. Die Gesellen verfügten darüber hinaus aufgrund der ihnen durch die Zunftregeln auferlegte Wanderschaft über weiträumige, oft internationale Verbindungen. Aufrührerische und demokratische Ideen verbreiteten sich so von Stadt zu Stadt und Land zu Land. Solidarisches Zusammenstehen wurde selbstverständlich. Dies ermöglichte beispielsweise den Bäckergesellen in Kolmar am Ende des 15. Jahrhunderts einen fast 10jährigen Kampf mit den Bäckermeistern der Stadt siegreich durchzustehen.[4]

---

2 *Wendel, S. 111, 114, 96*

3 *Ebd., S. 97*

4 *Allmann I, S. 305*

Die Verbindungen der Gesellen waren selbstverständlich den Bäckermeistern und der Obrigkeit ein Dorn im Auge. Durch eine Fülle von Erlassen, Gesetzen und Verordnungen ist über die Jahrhunderte hinweg immer wieder der Versuch gemacht worden, die Gesellenorganisation zu unterdrücken.

Entsprechend erklärte der „Reichsabschied" (Reichsgesetz) von 1731 die Gesellen- und Bruderschaften für aufgehoben und ihre Artikel und Ordnungen für ungültig. Die behördlichen Stellen wurden verpflichtet, etwa ausgestellte oder bestätigte Gesellenfreibriefe wieder einzuziehen und sie durch Arbeitskarten zu ersetzen. Mit Hilfe dieser Karten sollten die Wandernden unter Polizeiaufsicht gestellt werden. Für die Zukunft wurden Versammlungen oder Verbindungen der Gesellen untereinander untersagt. Den örtlichen Stellen wurde verboten, die Genehmigung zu derartigen Vorgängen zu erteilen. Insbesondere wurde den Gesellen die Abhaltung einer eigenen Gerichtsbarkeit untersagt sowie härteste Strafe für das „Zusammenrottieren", die Aufstände und gemeinsame Arbeitsverweigerung u.a. „rebellisches Unwesen" angedroht.[5]

Im Jahre der französischen Revolution, 1789, brachte die Frankfurter Stadtregierung, der Senat, diesen Reichsbeschluss den Gesellen erneut in Erinnerung:

„Würden die Gesellen ein Aufstand zu machen, sich zusammen zu rottieren und bis zur Gewährung ihrer vermeinten Forderungen aus der Arbeit zu gehen oder aus der Stadt zu ziehen, sich gelusten lassen, so sollen sie mit Gefängnis-, Zuchthaus-, Vestungs- oder Galeerenstrafe belegt, je nach der Größe ihrer Widerspenstigkeit und des etwa dadurch verursachten Unheils selbst am Leben gestraft werden."[6]

Die Lage der Böttchergesellen

In Frankfurt war die Situation der Gesellen ähnlich, wie sie für die Leipziger Böttchergesellen beschrieben worden ist:[7]

„Betrachten wir an Hand der historischen Quellen einmal die Gesellenbewegung vergangener Jahrhunderte, so müssen wir zwei große Perioden unterscheiden, und zwar das Gesellenleben bis zum Beginn des Dreißigjährigen Krieges, die Blütezeit, und den Verfall, verursacht durch denselben, wie er nach dem Kriege mehr und mehr in Erscheinung trat.

5   *Todt/Radant, S. 42*
6   *Wendel, S. 59*
7   *Helfenberger I, S. 333*

Böttcherei (HKS)

Wenn der Böttchergeselle Leipzigs vor dem großen Kriege „um acht Uhr frühe an der Arbeit" sich finden lassen musste, so schrieben die Ordnungen des 18. und 19. Jahrhunderts ihm vor, sich um vier Uhr früh in der Werkstatt einzufinden. Hatten die Böttchergesellen vor dem Kriege in ihren Gesellenkassen Selbstverwaltung, so wurde ihnen diese nach dem Kriege entzogen. Ja, sie duften sich nicht einmal mehr gesondert besprechen. Überall standen sie unter Aufsicht der Meister. Stadträte und Regierungen entzogen ihnen nach und nach auf Betreiben der Innungsmeister ihre alten verbrieften Rechte. Kein Wunder, dass auch die Gesellen kein Interesse mehr an dem Schutze des Handwerks hatten. Für sie galt in erster Linie, sich zu nähren. Hierfür nur ein Beispiel:

Den Böttchergesellen des 16. Jahrhunderts verbot die Gesellenordnung, zu heiraten, bevor er Meister geworden.

Aus einer Beschwerde der Böttcherinnung, an den Leipziger Rat gerichtet, in der die Meister beweglich über den Verfall ihres Gewerbes klagen, erfahren wir, dass „in allen Vorstädten unzunftmäßige Störer[8] anzutreffen, welche ohne Scheu Gefäße binden, meist seien es verheiratete Gesellen, die der Innung ins Handwerk pfuschten".

---

8   *„Störer" = Handwerker, die nicht der Zunft angehörten und dementsprechend nicht den Zunftregeln unterlagen.*

Der Geselle hatte kein Interesse mehr an einem blühenden Handwerk, denn dem Meister gab man alles, ihm aber entzog man Vorrecht und Vorrecht.

Die Innungen waren es, die immer und immer wieder verlangten, den Gesellenbrüderschaften die Flügel zu beschneiden. Das Jahr 1731 brachte endlich die Erfüllung der Meisterwünsche. Am 19. Oktober diesen Jahres erschien das „Kaiserl. Patent wegen Abstellung der bei den Handwerkern eingeschlichenen Missbräuche". Dieses Patent fand für Sachsen seine Ergänzung in dem „Kurfürstlichen Mandate, die General-Innungsartikel für Künstler, Professionisten und Handwerker" vom 8. Januar 1780. - Beide Erlasse vernichteten jeden freien Zug im Leben des Gesellen, stellte ihn unter Aufsicht der Innung.

Wollte der Geselle wandern, so musste er erst die Innung um Erlaubnis bitten. Er durfte aber erst dann auf Wanderschaft gehen, wenn ihn sein Meister frei gab. Tat er dies nicht, so war der Geselle gehalten, noch vier Wochen zum gewöhnlichen Wochenlohn weiterzuarbeiten.

Bettelnde Gesellen flogen ins Stadtgefängnis. Wurde dem Gesellen in einer Stadt Arbeit angeboten, so musste er solche annehmen, und zwar, wie es im kursächsischen Mandat heißt, „ohne Widerrede". Man billigte ihm nur eine 14tägige Probezeit zu.

Der blaue Montagnachmittag fiel ganz weg. Der Geselle hatte „fleißig und unverdrossen zu arbeiten und durfte seine Mitgesellen in anderen Werkstätten nicht stören."

Nach Feierabend, der sich nach dem Ermessen des Meisters richtete, länger als bis „zehn Uhr aus seines Meisters Hause zu bleiben", wurde behördlich gestraft.

Die Gesellenzusammenkünfte, die früher allwöchentlich, meist an Sonnabend- oder Montagnachmittagen in den Herbergen stattfanden, durften von nun an nur noch alle vier Wochen abgehalten werden und unterstanden der Aufsicht der Meister. Alle Schmausereien, Biergelage usw. wurden verboten.

Früher hatten die Gesellen ihre eigene Lade; jetzt trug die Gesellenbüchse zwei Schlösser. Den einen Schlüssel verwahrten die Meister, den anderen die Altgesellen. Ohne Erlaubnis der Meisterbeisitzer durften die Gesellen keine Gelder aus der Lade entnehmen. Brüderschaftssiegel, Gesellenordnungen und alte Bräuche und Sitten innerhalb der Gesellenbrüderschaften wurden aufgehoben. „Ließe sich aber ein Geselle gar gelüsten, einen Aufstand zu machen, so soll derselbe als ein Aufwiegler und Störer der gemeinen Ruhe mit harter Leibesstrafe angesehen und nachdrücklichst bestrafet werden." Arbeitsverweigerung wurde mit Zuchthaus geahndet."

Allgemeine Arbeiter-Zeitung.

Organ für die politischen und sozialen Interessen des arbeitenden Volkes, zugleich Zeitung des Arbeiter-Vereins zu Frankfurt a/M.

Redigirt unter Verantwortlichkeit des Gr. legers, von Eduard Pelz und Chr. Essellen.

N°. 3.   **Frankfurt a. M.,**   **den 24. Mai 1848.**

Diese Zeitung erscheint zweimal wöchentlich, am Mittwoch und Sonnabend. Die einzelne Nummer kostet 2 kr. Man abonnirt bei allen Buchhandlungen und Postexpeditionen, sowie auch im Lokale des Arbeitervereins in Frankfurt a. M., im Gräber'schen Hause am Graben und in der Expedition der Arbeiterzeitung bei C. Abelmann, große Eschenheimergasse Nr. 25 neu. Der Pränumerazionspreis ist für den Monat 15 kr., für das Vierteljahr 45 kr. Insertionen, wofür sich das Blatt bei seiner großen Verbreitung unter dem Handwerkerstande besonders eignen wird, werden mit 2 kr. für die gespaltene Zeile berechnet.

Die Politik und das arbeitende Volk.

Das Vereinsrecht ist auch für das arbeitende Volk zum Gesetz geworden. Da man also auf polizeilichem Wege die Betheiligung desselben an den allgemeinen Fragen des Tages, an der Politik, nicht mehr hindern kann, versucht man dies auf andere Weise. Man spricht den Arbeitern vor, sie würden in ihren materiellen Interessen beeinträchtigt, wenn sie sich mit den allgemeinen Angelegenheiten des Staates kümmern wollten. Sie sollten in ihren Vereinen sich um ihre Sonderinteressen beschäftigen, um die Verhältnisse, in welchen die Gesellen zu den Meistern stehen, um Kost, Logis, Lohn, Arbeitszeit; die Politik dagegen passe für den Arbeiterstand nicht; sie müsse

Titelblatt der Frankfurter „Allgemeinen Arbeiter-Zeitung" (HKS)

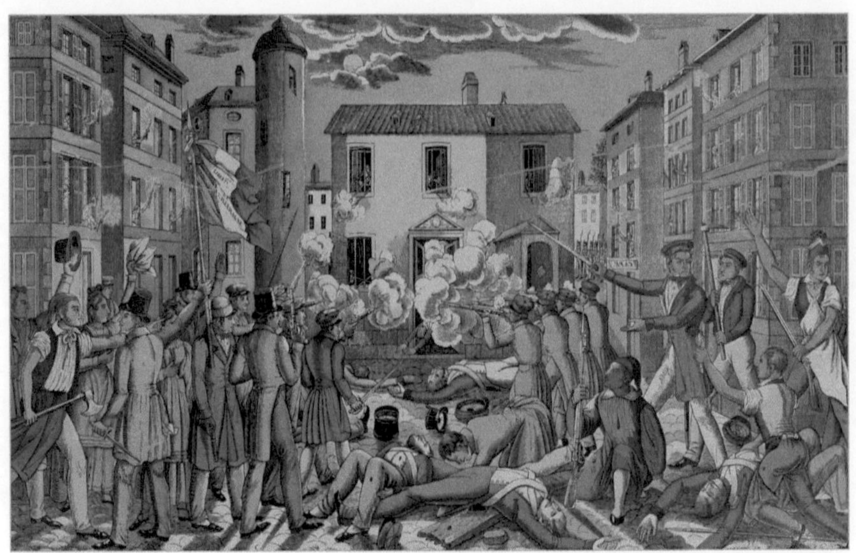

Der Sturm auf die Hauptwache 1834 (HKS)

Soweit der Bericht über die Leipziger Böttchergesellen. Wir haben die Böttcher (oder Bender, wie man in Frankfurt sagte) hier als Beispiel genommen, weil auch sie zur Geschichte unserer NGG gehören. Neben den Bäckern hat dieser inzwischen fast völlig ausgestorbene Berufsstand die älteste Tradition in die Nahrungsmittelarbeiterbewegung eingebracht.

Die ständig wiederholten Verbote beweisen, dass es nie vollständig gelungen ist, den Freiheitsdrang und Organisationswillen der Gesellen zu brechen. Die Gesellen hatten insbesondere Anteil an den in den Jahren vor der Revolution von 1848 aufbrechenden demokratischen Bestrebungen. Für Frankfurt wird dies durch die Tatsache belegt, dass bei einer Befreiungsaktion am 2. Mai 1834, mit der die Teilnehmer des Sturms auf die Hauptwache von 1833 aus der Haft befreit werden sollten, etliche Handwerksgesellen beteiligt gewesen sind. Das Militär richtete bei dieser Aktion ein Blutbad an. Unter den Toten findet sich u.a. ein Bierbrauergeselle.[9]

Der Frankfurter Arbeiterverein von 1848

Die Revolution im Frühjahr 1848 fegte den antidemokratischen Plunder der Koalitions- und Versammlungsverbote hinweg. Wie es in anderen Staaten auch geschah, verkündete die Frankfurter Gesetzgebende Ver-

---

9   *Walz, S. 26*

sammlung am 27. März 1848 die Vereins- und Versammlungsfreiheit. Kaum zwei Monate später erging der Aufruf zur Gründung eines Frankfurter Arbeitervereins, dem in weniger als einer Woche 1.695 Männer beigetreten sind.[10]

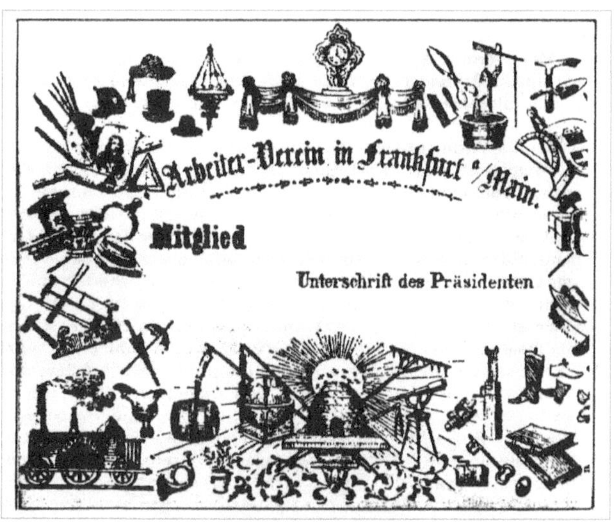

Mitgliedskarte des Frankfurter Arbeiter-Vereins (HKS)

„An die Arbeiter!

Deutsche Brüder! Die Freiheit bietet ihre segensreichen Wünsche Jedem dar. Soll das arbeitende Volk davon ausgeschlossen sein? Freiheit ist Gerechtigkeit. Auch für die Arbeiter hat die Stund der Gerechtigkeit geschlagen. Lasst sie nicht ungenützt verhallen! Die Arbeiter sind der Kern des Volks, sind das Volk selbst; denn ohne Arbeit kein Leben, kein Volk, kein Staat! An Alle, die da arbeiten, ergeht unser Ruf: Schaart Euch, tretet zusammen, vereinigt Euch! Der Einzelne kann weder für sich, noch für das Allgemeine durchgreifend wirken; in der Vereinigung liegt die Kraft aller, und diese Kraft wird und muss ihr Ziel erreichen. Wenn das einzelne Gewerk für sich auftritt, so ist das eine Absonderung von den Gewerken der Brüder; wenn Alle, die da arbeiten, gemeinsam auftreten, so ist das ein Verein, welcher jedes einzelne Gewerk mit der Kraft Aller vertritt.- Der Zweck des Vereins ist; Verständigung über die gemeinsamen Angelegenheiten aller Arbeiter, Verständigung über die besonderen Angelegenheiten der einzelnen Gewerke, Berathung über die Mittel, um diese Angelegenheit zu ordnen, Berathung über die Theilnahme der Arbeiter an den durch die Revolution errungenen Volksrechten. Das Vereinsrecht ist durch das Gesetz gewährt, Niemand darf die Ausübung verhindern.

---

10   Neuland, Proletarier, S. 311

Barrikadenkampf in Frankfurt 1848 (HKS)

Deutsche Brüder! Eure Zukunft, die Zukunft des Volkes liegt in Euren Händen. Ihr Alle, die Ihr arbeitet, wie und was es sei, Ihr Alle, die ihr die Angelegenheiten der Arbeiter zu den Eurigen macht, tretet zusammen zur Gründung des deutschen Arbeitervereins!

Ihr seid Alle gerufen zur ersten Zusammenkunft

> *Sonntag den 14. Mai, nachmittags 3 Uhr*
> *in der städtischen Reitbahn.*

Die zur Berufung einer allgemeinen Arbeiter-Versammlung bestimmte Commission des vaterländischen Vereins und der Arbeiter."[11]

---

11   Allmann II, S. 12

„Verlangen wir in Betten zu schlafen …"

Die Bäckergesellen waren die ersten, die die neugewonnene Freiheit nutzten, um Forderungen zur Verbesserung ihrer erbärmlichen Lage zu stellen. Vom 17. bis 22. Mai 1848 legten sie die Arbeit nieder und verließen gemeinschaftlich die Stadt gen Offenbach. Dieser Bäckerstreik ist der erste uns überlieferte Streik im Frankfurt des 19. Jahrhunderts. Oskar Allmann hat die Vorgänge ausführlich beschrieben:[12]

„In den Kreisen der Bäckergesellen musste aber zu jener Zeit die Unzufriedenheit mit den bestehenden Verhältnissen schon bis zur Siedehitze gesteigert sein, denn eine Woche später (nach der Gründung des Arbeitervereins) hatten sie bereits die Arbeit eingestellt.

Am 21. Mai erschien in der zweiten Beilage des „Frankfurter Journals" folgende *„Erklärung der Bäckergesellen an die löbl. Bürgerschaft der freien Stadt Frankfurt.*

Um allen Mißdeutungen zu begegnen, wozu unser Entfernen aus Frankfurt Anlaß geben könnte, erklären wir hiermit, daß unser Handeln nicht im Geringsten in rebellischem oder aufwieglerischem Sinne geschehen, sondern lediglich deshalb, um zu unserem guten Rechte bei den Meistern zu gelangen. Wir zählen deshalb die Rechte auf, die wir beanspruchen, und überlassen es der Beurtheilung der löblichen Bürgerschaft Frankfurts, wie weit unsere Klagen gerecht sind:

1. Verlangen wir in Betten zu schlafen, anstatt wie bisher auf der Werkbank auf einem Kleiensacke. Die Werkbank die als Schlafstelle dient, kann nicht zugleich wieder als Zubereitungsort der Backwaren dienen, denn wie es mit dem Reinigen dieser Schlafstellen oft hergeht, wollen wir nicht weiter auseinander setzten, sondern jeder Mensch kann hierüber selbst weitere Betrachtungen anstellen;

2. wünschen wir alle vierzehn Tage eine Feiernacht, wie dies früher unser gutes Recht war, seit 1835 uns jedoch genommen worden ist. Hat ein Mensch dreizehn Tage gearbeitet, und schwer gearbeitet, dann ist es wohl zu entschuldigen, wenn er auch einmal einige Erholungsstunden haben möchte, um seine Kirche besuchen und seinem Gott dienen zu können;

3. wünschen wir unsere Auflage selbst zu erheben, und nicht mehr unter der Verwaltung der Meister, denn bei der Mündigerklärung des ganzen deutschen Volkes dürfte doch wohl der Bäckergeselle auch nicht mehr unter Vormundschaft stehen;

4. wollen wir gleiche Berechtigung mit den Meistern in Hinsicht der Aufkündigung haben. Ein Meister hat das Recht, einen Bäckergesellen zu jeder Viertelstunde aus seinen Diensten zu schicken, während sich der Geselle auf ein halbes Jahr verbindlich machen muss, mag dann die Behandlung sein, wie sie immer will, und endlich

---

12 *Ebd., S. 12 ff.*

Bäckerei (HKS)

5. wünschen wir, unsere Wanderbücher auf der Polizei abzugeben und nicht, wie bisher, bei den Herren Geschworenen, bei denen wir 24 fr bezahlen müssen, wenn wir in Arbeit treten.

Wir hoffen, daß diese kurze Erklärung hinreichen werde, unser Handeln zu entschuldigen, und wiederholen nochmals, daß unser Entfernen aus Frankfurt einen durchaus friedlichen Charakter hat.

Die Bäckergesellen zu Frankfurt."

Wenn man diese Erklärung unsrer im Ausstande befindlichen Kollegen, die nach damaligem Brauch mit der Arbeitsniederlegung auch dazu geschritten waren, die Stadt zu verlassen, verfolgt, so wird man finden, daß sie sehr geschickt abgefaßt wurde. Sie zählten ihre Forderungen auf, von denen die erste die war, daß sie in Betten zu schlafen verlangten und nicht auf der Werkbank schlafen wollten; dann wollten sie alle 14 Tage eine Freinacht haben, die ihnen 1835 genommen worden war; in ihrer Bruderschaft wollten sie die Kontrolle und Bevormundung der Meister abschütteln und außerdem verlangten sie gleiches Recht wie die Meister in der Frage der Kündigung.

Der „Freistädter" vom 23. Mai bringt folgende kurze Mitteilung über den Streik, in welcher er die Forderungen als „nicht unbillig" bezeichnet:

„(Ein Bäckergesellen-Aufstand.) Am Abende des 17. Mai verließen die meisten der hier in Arbeit stehenden Bäckergesellen ihre Arbeit und begaben sich nach dem benachbarten Offenbach, um dort die Bewilligung der von ihnen an ihre Meister gestellten, keineswegs unbilligen, Forderungen abzuwarten. In Folge dieses Schrittes machte sich am Morgen des 18. ein Brodmangel in der Stadt bemerkbar, dem indessen durch zweckdienliche Maßregeln der Behörde bald wieder abgeholfen wurde. Eine Einigung zwischen den beiden streitenden Parteien hat bis jetzt nicht stattgefunden."

Am 25. Mai rückten die Meister mit folgender langatmigen Erklärung heraus, worin sie die Zustände, wie sie von den streikenden Gesellen in den Bäckereien geschildert waren, direkt zugeben mußten:

„Erklärung der hiesigen Bäckermeister an ihre Mitbürger.

In der zweiten Beilage zum „Journal" Nr. 141 vom 21. Mai l.J. übergeben die Bäckergesellen ihre Beschwerden der Beurtheilung löbl. Bürgerschaft, und suchen ihre Entfernung aus hiesiger Stadt als durchaus „in friedlichem Charakter und keineswegs in rebellischem oder aufwieglerischem Sinne geschehen" darzustellen.

Zur Verständigung und Aufklärung der Sache erwidern wir das Folgende: Die Gesellen verlangen zunächst „in Betten zu schlafen, anstatt wie bisher auf der Werkbank auf einen mit Kleinen gefüllten Sack".

Als Lager hat der Geselle einen breiten, mit Weizen-Schalen oder Spelzenspreu gefüllten transportablen Sack, reinlicher und der Gesundheit zuträglicher als es bei unserem Geschäfte Betten nur immer sein können. Eine wollene Kolter dient ihm zur Decke, eine gemeinschaftliche Kammer zur Schlafstätte. Auch während der Nacht kann der Geselle in kurzen Zwischenräumen der Ruhe pflegen, und da mag wohl ausnahmsweise von einem oder dem andern derselbe die Werkbank als Lagerstätte benutzt werden, um rasch wieder zur Hand zu sein und die Wärme der Backstube zu genießen. Auf der Werkbank hat übrigens nur eine einzelne Person Platz, sie wird nie benutzt, ohne vorher abgekehrt worden zu sein.

Die Gesellen verlangen ferner: „Alle 14 Tage eine Feiernacht, weil es wohl zu entschuldigen sei, daß der Mensch, der 13 Tage gearbeitet, auch einmal einige Erholungsstunden habe, um seine Kirche zu besuchen und seinem Gott zu dienen."

Die Feiernacht wurde auf vielfache Klage des Publikums gegen den Widerspruch einer ziemlichen Zahl hiesiger Meister im Jahre 1835 vom Hohen Senate abgeschafft, dabei aber ausdrücklich verfügt, daß den Gesellen am Sonntag Zeit und Gelegenheit gegeben werden solle, die Kirche zu besuchen, und gewiß ist keiner derselben jemals durch den Meister verhindert worden, seinem Gott zu dienen, wenn er sich hierzu gedrungen fühlte.

Außerdem geht der Geselle wöchentlich mindestens zweimal Nachmittags von 2 bis 7, selbst 9 Uhr zu seiner Erholung aus, während mancher Brodherr und Familienvater wochenlang für seine Person hieran gar nicht denken darf.

Die durchaus uneigennützige Verwaltung der Gesellen-Kranken-Kasse durch die Geschworenen geschah im eigenen Interesse der Gesellen und keineswegs aus Unmündigkeitsgründen. Die Rechnung wurde alljährlich durch das Bürgermeisteramt geprüft und genehmigt.

Das halbjährige Wanderziel der Gesellen auf Sommer- und Winter-Johann bildet zwar in beiderseitigem Interesse die Regel, dagegen gestattet auch der § 4 der Gesellen-Ordnung für besondere Fälle dem Gesellen die 14-tägige Kündigungszeit.

Die Hinterlegung der Wanderbücher bei den Geschworenen wurde, wie bei allen übrigen Handwerken, durch die Behörden verfügt, um eine größere Ordnung und bessere Übersicht über die Gesellen zu haben. Die Gebühr von 16 kr bei dem Aus- und Einschreiben, und von 8 kr bei jedem Conditions-Wechsel, für Mühewaltung, kleinere Auslagen und Gänge des Stubenmeisters, wird über und über ausgeglichen durch die Einstandsgebühr von 30 kr, welche jeder Meister dem bei ihm in Dienst tretenden Gesellen zahlen muß.

Soweit die Beschwerden und Forderungen der Gesellen. Was nun dieselben im Allgemeinen betrifft, so haben wir uns sofort und gerne bereit erklärt, den Gesellen jedes billige Zugeständnis zu machen. Die deßfallsigen Verhandlungen, die ohnehin nicht ohne Mitwirkung der Behörden geschehen konnten, scheiterten jedoch an der Ungeduld der Gesellen. Sie fanden sich veranlaßt, ihre Forderungen am 13. Mai l.J. bei Hohem Senate zu überreichen, verließen jedoch schon am 17. Mai in Masse hiesige Stadt, ehe noch ein Beschluß Hohen Senates auf ihre Eingabe erfolgen konnte, und ließen an demselben Abend zwischen 8 und 9 Uhr den Meistern durch einen Emissair ankündigen, daß sie erst dann wieder zurückzukehren entschlossen seyen, wenn alle ihre Forderungen zugestanden seyen würden. Dadurch wurden zugleich alle Unterhandlungen unmöglich gemacht, weil Niemand da war, mit dem verhandelt werden konnte.

Ob der von den Gesellen eingeschlagene Weg der ordnungsmäßige gewesen, ob sie nicht im geringsten in rebellischem oder aufwieglerischem Sinne gehandelt, dies können wir füglich der Beurtheilung unserer Mitbürger überlassen, sind jedoch von der Ehrenhaftigkeit unserer Gesellen überzeugt, daß sie nicht sowohl aus eigenem Antriebe, als vielmehr unter dem Einflaße einer wühlerischen Partei gehandelt haben, die ungestört und ungestraft ihr Haupt mehr und mehr dahier erhebt.

Frankfurt a. M., den 28. Mai 1848

Die hiesigen Bäckermeister"

In dieser ihrer Erklärung wollen es die Bäckermeister zunächst einmal beschönigen, daß den Gesellen keine Betten zur Verfügung standen, sie erklären den Zustand den gewerblichen Verhältnissen angepaßt und sind auch darauf bedacht, daß ihren Gesellen während der nächtlichen Ruhepausen die Backstubenwärme nicht fehlen soll. Daran, daß seit 1835 den Gesellen der alle 14 Tage wiederkehrende Ruhetag geraubt wurde, sollen die Ansprüche des Publikums schuld sein - eine Entschuldigung, die auch heute noch in demselben Maße unseren Arbeitgebern geläufig ist. Die sonstige Bevormundung der Gesellen, wie sie von den Meistern geübt wurde, versuchen letztere in ganz geschickter Weise als im Interesse des Wohles der Gesellen liegend hinzustellen, genau so, wie es unsre Bäckermeister auch heutigentags noch in jedem Falle machen. Aus der Erklärung der Bäckermeister erfahren wir dann aber noch weiter, daß die Gesellen am 13. Mai ihre Forderungen eingereicht und als sie bis zum 17. Mai noch kein befriedigendes Entgegenkommen darauf hatten, überhaupt noch keiner Antwort gewürdigt waren, legten sie ordnungsgemäß ihre Arbeit nieder, in dem sie dieses noch den Meistern ankündigten, und wanderten nach Offenbach a.M. aus.

Um nun den streikenden Gesellen die Sympathie der Bevölkerung zu rauben, spielt die Erklärung zum Schlusse noch darauf hin, daß die Gesellen auf Anraten einer „wühlerischen Partei" so gehandelt hätten - ganz in dem Sinne, wie es auch heute die Bäckermeister noch bei jedem Lohnkampf machen. Die Herren verstanden es also schon damals, der Bevölkerung Sand in die Augen zu streuen über die Ursache der berechtigten Unzufriedenheit der „Gesellen".

Ausweisung der „Dirigenten" des Arbeiter-Vereins

„Nun griffen die Behörden mit brutalen Mitteln gegen die im Aufblühen begriffene Arbeiterbewegung ein, was uns der „Freistädter" vom 30. Mai zeigt:

„(Arbeiter-Demonstration.) Die am 23. Mai auf Betreiben vieler hiesigen Bürger erfolgte Ausweisung der Dirigenten des „Arbeitervereins" aus unserer Stadt hat eine große Aufregung unter den Gehilfen der verschiedenen Gewerbe hervorgebracht, in Folge deren eine ziemliche Anzahl derselben, namentlich aber viele Schneider und Schuhmacher, sofort ihre Arbeit einstellten und sich nach dem benachbarten Bockenheim begaben, um sich dort über das unter den obwaltenden Verhältnissen von ihnen zu beobachtende Verfahren zu beraten. Eine Deputation an den Reichstag, mit der Bitte um Schutz für die drei Ausgewiesenen, wurde abgeschickt, fand aber in dieser hohen Versammlung nicht die erwartete Unterstützung. Ebenso wenig konnte in den ersten Tagen eine Einigung mit den Meistern zu Stande gebracht werden, so empfindlich auch das Interesse der letzteren durch die Arbeitseinstellung im gegenwärtigen Zeit-

punkt berührt wird. Hoffen wir, daß sich durch ein vernünftiges Nachgeben aller Beteiligten diese unheilvollen Missverhältnisse baldigst wieder ausgleichen werden!"

Christian Esselen, Präsident des
Frankfurter Arbeiter-Vereins von 1848 (HKS)

Die Dirigenten des „Arbeitervereins" hatten also die Behörden aus der Stadt ausgewiesen, worauf noch in berechtigter Empörung die Schneider und Schuhmacher die Arbeit einstellten und nach Bockenheim abzogen. Über den weiteren Verlauf jener Streiks finden wir nun in der Presse des Jahres 1848 fast gar nichts verzeichnet, und man muß wohl annehmen, daß sie nach einigen Tagen im Sande verlaufen sind. Nur einige Bemerkungen finden wir noch über streikende Bäckergesellen, die abreisten, und über einige Meister, die bekannt gaben, daß sie sich mit ihren Gesellen verständigt hatten. Der „Freistädter" vom 7. Juni geißelt noch einen Mißbrauch der Bäckermeister, dessen Abstellung die streikenden Gesellen gefordert, aber erfolglos geblieben waren. Der „Freistädter" schreibt:

„(Ein Mißbrauch im Handwerkerstande.) Bei verschiedenen hiesigen Handwerkern, wir wissen nicht, ob bei allen, besteht unter andern Ungerechtigkeiten gegen die Gesellen auch noch die, daß diese nach geschehener eigner Aufkündigung auf eine gewisse Zeit die Stadt verlassen müssen, selbst wenn sie bei einem andern Meister Arbeit erhalten könnten. Unstreitig ist dieses eine Beschränkung der persönlichen Freiheit, des freien Willens, Arbeit zu suchen, wo man sie als die beste findet, welche sich durch nichts rechtfertigen läßt, als etwa durch alte Zunftbücher, die aus einer Zeit stammen, in welcher die Meister noch allein Herren und die Gesellen nicht mehr als „Knechte“ waren, welches Prädikat sich bei manchen Gewerben sogar bis in die neuere und neueste Zeit hinein erhalten hat. Es wäre indessen möglich, daß nach den Vorgängen der letzteren Tage die Meister mancher Gewerbe sich in jenem Punkte nachgiebiger zeigen, gleichwohl aber in Folge einer Verabredung doch keine Gesellen annehmen würden, welche bei einem ihrer Mitmeister Arbeit hatten und sie selbst gekündigt hätten. Sollte übrigens ein solches Verfahren eingehalten werden, so könnte es zu nichts Anderem als zu neuen Mißhelligkeiten führen, die am Ende jeden Bürger und Einwohner belästigen, während der Eigensinn Weniger sie hervorrufen. Wir wollen keineswegs das Gesellentum in Schutz nehmen und die Abweichungen eines Theiles desselben von dem ordnungsgemäßigen Wege der Beschwerdeführung billigen; allein, ebensowenig dürfen wir auch verschweigen, daß von Seiten der Meister manches Handwerk eine Nachgiebigkeit oder vielmehr eine Rücksichtnahme der Zeitverhältnisse und der bestehenden Rechtsbegriffe stattfinden soll.

Mit lauter Verneinung wird es niemals Frieden geben; wer denselben wünscht, der weise die Forderungen des mit ihm Contrahirenden, so bald sie gerecht sind, nicht kurzer Hand ab, sondern lasse sich vor allem von dem Gefühle der Billigkeit leiten.“

Der „Freistädter“ liest also hier den protzigen Handwerksmeistern gehörig den Text, und wenn er in dieser Auslassung für das Handwerk voraussagt, daß die „Handwerksmeister mit lauter Verneinungen niemals Frieden“ bekommen werden, so hatte er unzweifelhaft das Richtige getroffen. Was wir speziell in den folgenden Jahren noch an kurzen Hinweisen auf die Verhältnisse in unserem Berufe finden und aus der Erinnerung alter Kollegen feststellen konnten, war das eine, daß vom Streik 1848 her ein sehr gespanntes Verhältnis zwischen Meistern und Gesellen im Bäckergewerbe in Frankfurt vorherrschend war. Die Gesellen hatten keinerlei Vertrauen zu ihren Arbeitgebern, und in abgeschlossenen Zusammenkünften sannen sie wiederholt darauf, wie sie den schweren Druck sprengen wollten, der durch die Willkür brutaler Bäckermeister auf ihnen lastete.
Mehr und mehr sah sich auch eine immer größere Anzahl der Meister veranlaßt, wenigstens die allerschlimmste Unterdrückung der Gesellen zu vermeiden, um ein besseres Verhältnis mit denselben herzustellen.“

Tabakarbeiter gründen eine nationale Gewerkschaftsorganisation

Bei den Frankfurter Bäckergesellen handelte es sich um einen spontanen Protest, der sich auf keine Organisation stützen konnte und dem auch keine Organisation folgte. Anders war es bei den Zigarrenarbeitern. Diese gingen gezielt daran, sich für ihre Interessenvertretung eine starke Organisation zu schaffen. Das Besondere der Zigarren- und Tabakfabrikation war es, daß es sich um ein „unzünftiges" Gewerbe handelte. Als junge Industrie wurde sie von Anfang an nach kapitalistischen Gesichtspunkten betrieben, zunftmäßige Schranken spielten hier keine Rolle. Von den Zigarrenarbeitern ist bekannt, daß sie aus Büchern und Zeitschrift vorlasen. Die übrigen Arbeitskollegen machten derweil die Arbeit des Vorlesers mit. Vorgelesen wurde nicht selten aus demokratischen und sozialistischen Schriften. Dadurch erklärt sich, daß die Tabakarbeiter in der Märzrevolution 1848 und später bei der Gründung der Sozialdemokratischen Partei in vielen Städten an vorderster Front gestanden haben. Sie verfügten innerhalb der Arbeiterschaft, die noch weitgehend weder lesen noch schreiben konnte, über ein überdurchschnittliches Bildungsniveau.

Im September 1848 wurde in Berlin die „Assoziation der Zigarrenarbeiter Deutschlands" gegründet. Ihr erster Präsident war Wenzel Kohlweck. Bereits nach kurzer Zeit verfügte die Assoziation über Mitglieder in 60 Orten in allen Teilen Deutschlands.[13] Auch in Frankfurt bildete sich eine Mitgliedschaft.[14] Dies ist jedoch nicht die erste Tabakarbeiter-Organisation in Frankfurt gewesen. Bereits für die Zeit vor der Märzrevolution ist die Existenz einer Gesellschaft von „Tabakspinnern" in Frankfurt nachgewiesen. „Tabakspinner" waren beschäftigt bei der Herstellung von Rauch- und Kautabak.[15] Noch weiter lassen sich die Organisationsbestrebungen der Tabakarbeiter in Offenbach zurückverfolgen. 1771 wurde dort für die Beschäftigten der Schnupftabakfabrik Gebrüder Bernad eine Kranken- und Sterbekasse gegründet. Sie hat 60 Jahre bestanden.[16]

---

13 Dahms, S. 21
14 Wendel, S. 180
15 Dahms, S. 21
16 Ebd., S. 15

Vorleser in einer Zigarrenarbeiterwerkstatt

Trotz Verbot die Organisation aufrechterhalten

Mit der schließlichen Niederlage der Märzrevolution war auch die Versammlungs- und Vereinigungsfreiheit der Arbeiter dahin. Am 5. Januar 1852 verfügte das Polizeiamt der Freien Stadt Frankfurt:

„1. Es werden der Arbeiter-Verein, der Arbeiter-Leseverein, das Montagskränzchen, der Volksverein, der Gutenberg-Verein oder -Bund, die Assoziation der Cigarren-Arbeiter und die Turngemeinden dahier hiermit aufgelöst und jede fernere Theilnahme daran bei Meidung von Strafe, für fremde Theilnehmer auch bei Ausweisung aus Stadt und Gebiet, untersagt.

2. Sind die nicht in hiesigem Bürger-Verbande angehörenden Mitglieder dieser Vereine, insbesondere diejenigen derselben, welche sich irgendwie in Vereinen hervorgethan haben, aus Stadt und Gebiet auszuweisen und denselben die Rückkehr bei Strafe zu untersagen.

3. Wird den Wirthen und Hauseigenthümern, welche ferner Versammlungen und Zusammenkünfte dieser Vereine in ihren Lokalitäten dulden, eine Geldstrafe von 50 Gulden für jeden einzelnen Fall angedroht."[17]

---

17   *Wendel, S. 180*

Besonders infam an diesem Verbot war die Anweisung, dass die Vereinsmitglieder, die nicht die Frankfurter Bürgerrechte hatten, Stadt und Gebiet verlassen mußten. Denn die meisten Gesellen und Arbeiter verfügten nicht über das Frankfurter Bürgerrecht. Um dies zu erlangen, musste man ein Vermögen von mindestens 3.000 Talern nachweisen, was für einen Arbeiter schier unmöglich war. Aus dem Jahre 1858 wissen wir, dass bei den Bäckergesellen 7 Frankfurter Bürgern 206 Fremde gegenüberstanden. Bei den Metzgern war das Verhältnis 44 zu 222.[18]

Das polizeiliche Verbot konnte die gewerkschaftlichen Bestrebungen der Tabakarbeiter nicht unterdrücken. Schon 1853 bestanden in Frankfurt wieder eine Unterstützungskasse und ein Wanderunterstützungsverein der Zigarrenarbeiter. Solche Unterstützungseinrichtungen waren die auch anderswo gebräuchlichen Formen zur legalen Fortsetzung der Organisation.[19]

Dass von den Frankfurter Zigarrenarbeitern ungebrochen gewerkschaftliche Arbeit geleistet wurde, beweist ein Vorfall aus dem Jahre 1857. In England streikten die Zigarrenarbeiter. Die Fabrikanten versuchten in zahlreichen deutschen Orten, Arbeiter zu gewinnen. Die Bemühungen scheiterten nach amtlichen Quellen „an der geschlossenen Disziplin der Vereinigung der Deutschen Zigarrenmacher, die für solchen Fall vorgesehen hatten, nicht als Streikbrecher aufzutreten und durch englische Arbeiter bestens unterrichtet waren.“ Die englischen Zigarrenarbeiter hatten ihre deutschen Kollegen über die Orte Mannheim, Heidelberg und Frankfurt am Main benachrichtigt. Einmütig wurde der Boykott beschlossen und von Leipzig, Bremen und Hamburg als bindend sanktioniert.[20]

Die Solidarität der Zigarrenarbeiter hatte sich damit einmal mehr als stärker erwiesen als die staatlichen Verbote, wie sie 1854 erneut vom in Frankfurt tagenden Bundestag erlassen worden waren:

„Im Interesse der gemeinsamen Sicherheit verpflichten sich sämtliche Bundesregierungen ferner, die in ihren Gebieten etwa noch bestehenden Arbeitervereine und Verbrüderungen, welche folgen, binnen 2 Monaten aufzuheben und die Neubildung solcher Vereine bei Strafe zu verbieten.“[21]

---

18 *Ebd., S. 190*

19 *Todt, S. 126*

20 *Ebd., S. 83*

21 *Ebd., S. 38*

Friedrich Wilhelm Fritzsche,
Gründer des „Allgemeinen Deutschen Cigarrenarbeitervereins" (HKS)

Frankfurter Initiative zur Gründung eines Allgemeinen Deutschen Zigarrenarbeitervereins

1861 wurde in Sachsen das Koalitionsverbot (Zusammenschlussverbot) aufgehoben und auch in den übrigen deutschen Bundesstaaten wurden die gesetzlichen Bestimmungen über gewerkschaftliche Verbindungen locker gehandhabt. In verschiedenen deutschen Städten regten sich erneut die Zigarrenarbeiter zur Gründung eines Zentralverbandes. Im Juli 1865 gab ein Komitee der Zigarrenarbeiter von Frankfurt am Main, dem die Unterstützungskassen von Hanau, Offenbach, Mainz und Friedrichsdorf angeschlossen waren, ein „Zirkular" (Rundbrief) heraus, das sich an sämtliche Zigarrenarbeiter Deutschlands wandte.

Darin heißt es:

„Fern und nah regt sich der Wunsch unter den Zigarrenarbeitern Deutschlands, ihre Unterstützungskassen zu vereinigen. Zwar besteht diese Vereinigung schon längst und wurde schon seit Jahren durch die größten Hindernisse und Schwierigkeiten auf das mannigfaltigste erhalten...

Trotzdem erhielten sich unsere Kassen entgegen den vielen polizeilichen Verboten auf dem jetzigen gesetzlichen Weg. Wenn auch hier die statutarische Form fehlte, zu genannter Zentralisation, weiß doch jeder von uns, daß sie in angegebenem schon längst dem Sinne nach bestand. Denn jeder, wenn er sich zu einer Kasse erklärte, wurde in ganz Deutschland als gleicher Bruder betrachtet.

Deshalb Brüder! Auf! Aus Nord, Ost, Süd und West treten wir zusammen und ordnen wir die Sache zu einem einzigen Ganzen. Die Zigarrenarbeiter Deutschlands sollen sich im Besitz einer „Allgemeinen Kranken-, Reise- und Sterbekasse"

Das „Colosseum“ in Leipzig, Gründungsort
des Allgemeinen Deutschen Cigarrenarbeitervereins“ (HKS)

*sehen. Sie wollen und sollen ferner besitzen ein Organ zur Belehrung und Bespre-
chung ihrer Verhältnisse!“*[22]

Als dann am 25. Dezember 1865 in Leipzig die Gründung des Allgemeinen Deutschen Zigarrenarbeitervereins erfolgte, waren auch die Vertreter
des Frankfurter Komitees daran beteiligt. Als Sitz der Hauptkasse des
neuen Verbandes wurde Frankfurt am Main bestimmt.

Wenn heute der 25. Dezember 1865 als Gründungsdatum der Gewerkschaft Nahrung-Genuss-Gaststätten angenommen wird, dann können
wir sagen, daß die Frankfurter Organisation bereits an der Wiege unserer
Gewerkschaft gestanden und Maßgebliches zu ihrer Gründung beigetra-
gen hat.

Kampf um ein halbes Glas Bier

Dass die Offenbacher Tabakarbeiter sich die Butter nicht vom Brot nehmen, besser gesagt, das Glas Bier nicht aus der Hand nehmen ließen, zeigt
eine Episode aus der Zigarrenfabrik von Huthmann und Comp., über die
1867 im „Botschafter“, dem Organ der deutschen Zigarrenarbeiter, berichtet wurde:[23]

---

22   *Dahms, S. 33*

23   *Der Botschafter vom 14. September 1867. Der hier wiedergegebene Text wurde mit der Schlagzeile ‚Solidarität –
Genuss – NGG‘ als Plakat gedruckt der Kollegin Inge Weber am 7. Dezember 1994 anlässlich ihres Ausscheidens aus dem
Dient der Frankfurter NGG-Verwaltungsstelle überreicht.*

№ 9.   1867.

Der Botschafter.

Organ der deutschen Cigarrenarbeiter.

Motto: Die Arbeiter sind der Fels, auf den die Kirche der Gegenwart gebaut werden soll.
F. Lassalle.

Preis vierteljährlich 5 Sgr. oder 17½ Kr. rh. in Vorausbezahlung.   Leipzig, den 2. März.   Erscheint jeden Sonnabend und ist nur zu beziehen durch alle Postanstalten.

Bekanntmachung.

Laut Beschluß des Ausschusses gelten vom 15. März d. J. an die Berliner Ortscassenbücher als Legitimation zur Erhebung des Reisegeschenkes bei unsern Ortscassen **nicht** mehr. Sonach haben die Herren Bevollmächtigten und Cassirer die Verpflichtung, von da an **alle** Bücher zurückzuweisen, die nicht von unfern Vereins-Bevollmächtigten ausgestellt sind.

Um Kosten zu ersparen, werden von jetzt an die Namen der bestätigten Bevollmächtigten durch den „Botschafter" bekannt gemacht werden. In außerordentlichen Fällen, wo es sich um Vertretung vor Gericht handelt, bekommen dieselben außerordentliche Vollmachten.

Leipzig, den 28. Februar 1867.

F. W. Fritzsche, d. Z. Präsident.

Kopf des „Botschafter. Organ der deutschen Cigarrenarbeiter" (HKS)

„Offenbach, 1. September. Am 22. Vor. M. ereignete sich auch hier in der Fabrik des Herrn Huthmann u. Comp. ein Conflikt zwischen Arbeitern und Arbeitgeber, und zwar wegen eines sogenannten Einstandes. Es ist hier nämlich gebräuchlich, daß beim Anfang eines jeden Arbeiters ein halb Viertel Bier verabreicht wird. So fing auch am gedachten Tage der Cigarrenarbeiter Foi von hier an und bezahlte für 16 Mann 8 Glas Bier. Herr Huthmann ließ das Bier, als es am Comptoir verbeigetragen wurde, dem Träger abnehmen, und gönnte so seinen Arbeitern das halbe Glas Bier pro Mann bei einer Hitze von 26 Grad nicht. Die Arbeiter schickten deshalb aufs Comptoir und verlangten ihren Labetrunk, aber vergebens. Sämmtliche Arbeiter erklärten hierauf, nicht fortarbeiten zu wollen, worauf Herr Huthmann zur Einsicht kam und das nun allerdings verdorbene Bier seinen Arbeitern mit dem Bemerken gab, daß in Zukunft dies untersagt sei: sein Zorn ging aber weiter. Er suchte wahrscheinlich Rache zu nehmen und entließ den Samstag darauf 5 Arbeiter mit dem Bemerken, sie hätten zu viel Deck gebraucht. Die 5 Mann sind infolge dessen – sehr übel dran? – Nein! denn sie haben jetzt bessere Arbeit erhalten als sie hatten und sind dieselben recht zufrieden. – Fremden, die Arbeit nehmen wollen, übrigens zur Nachricht, daß sie sich, bevor sie dies thun, an mich zu wenden haben in der Philippi'schen Fabrik.

Mit Brudergruß: Martin Reitz, Bevollmächtigter."

Eine Arbeitseinstellung scheitert

Der „Botschafter", das Organ der deutschen Cigarrenarbeiter berichtet in seiner Ausgabe vom 21. November 1868:[24]

„Frankfurt a.M. Im Monat Mai ds. Js. Hatten wir bei Nickel und Riehmann eine Arbeitseinstellung, und zwar wegen der Verkürzung der Löhne bei Einführung der Formenwickel. Obschon diese Arbeitseinstellung nicht vorteilhaft für uns endigte, so wird es nicht überflüssig erscheinen, wenn wir den Hergang der Sache veröffentlichen.

Als die Arbeit eingestellt war, wurde von den Betheiligten in einer Versammlung der Antrag gestellt, daß die Vereinsmitglieder nur dann die Arbeit aufnehmen dürften, wenn für die Formenarbeit nicht mehr als 1 Kr. Pro Hundert von dem bisherigen Preise in Abzug gebracht würde. Dieser Antrag wurde auch einstimmig angenommen. Wie es aber fast regelmäßig geschieht, so fanden sich auch hier Individuen, welche – dem Verein nicht angehörend – sich von den genannten Herren als Werkzeug zur Unterdrückung ihrer Nebenmenschen gebrauchen ließen.

Der erste, der die Arbeit aufnahm, war Jakob Diehl aus Krotzenburg. Eine Zeit zuvor aus dem Verein ausgeschlossen, hielt er es jetzt für angemessen, sich durch eine Gegenagitation zu rächen; ihm folgten Joh. Hergert aus Vilbel, W. Baum aus Koeppern und einige Lehrjungen.

Aber damit war es noch nicht genug. Mehrere Mitglieder, welche die Arbeit eingestellt und in anderen Fabriken Beschäftigung erhalten hatten, bekamen Sehnsucht nach den alten Räumen, und es erklärten sich Joh. Bauer aus Nieda und Mart. Krebs aus Schmalbach ihren Austritt aus dem Verein, um ungestört in ihren früheren Himmel zurückkehren zu können; auch Georg Kietz aus Nieda, Adam Bernhard aus Griesheim und Anton Kilb aus Schloßborn überfiel entweder die Angst, dass alle Plätze besetz würden und sie dann zu spät kämen, oder sie wollten den menschenfreundlichen Herren gegenüber nicht als die Hartnäckigsten erscheinen – sie kehrten Alles beiseite setzend in die vielgepriesene Fabrik zurück.

Das ist mit kurzen Worten der würdige Verlauf einer Arbeitseinstellung in Frankfurt a.M. – dem Orte, wo die Wiege unseres Vereins gestanden.

Im Auftrage der hiesigen Mitglieder bringe ich die erwähnten Tatsachen zur Kenntnis Aller.

Mit freundlichem Gruß
H. Keller, Vereinsmitglied

---

24 Jg. 1868, S. 201f.

„Den ersten Anstoß gegeben"

1869 wird im „Botschafter" über eine Mitgliederversammlung des Allgemeinen Deutschen Cigarrenarbeitervereins in Hanau berichtet:[25]

„… umso erfreulicher ist es, daß die allgemeinen Arbeiterbestrebungen immer mehr Boden fassen. Besonders erfreulich ist für uns, sagen zu können, daß wir den ersten Anstoß für die überall sich bildenden Arbeitervereinigungen gegeben haben. Es ist genügend bekannt, welches große Verdienst unser Fritzsche um diese Sache hat, und wollen wir hoffen, daß es ihm gelingen möge, den ausgestreuten Samen zur Reife zu bringen.

Dazu ist es aber notwendig, daß ein jeder von uns das Seine thue; sich unablässig bemühe, nicht nur die Geschäftsgenossen, sondern auch die Arbeiter überhaupt für die allgemeinen Bestrebungen empfänglich zu machen.

Mit Gruß und Handschlag zeichnen
Die hiesigen Mitglieder.

Offenbacher Tabakarbeiter rufen auf zur Gründung von Streikvereinen

Die noch junge Organisation der Tabakarbeiter verfügte kaum über die erforderlichen Mittel für die erfolgreiche Durchführung von Arbeitskämpfen. Zudem war innerhalb der sozialistischen Arbeiterbewegung heftig umstritten, ob man durch Streik überhaupt die Lebenssituation dauerhaft verbessern könne. Trotzdem war der Wille in breiten Teilen der Zigarrenarbeiterschaft vorhanden, aktiv für die Verbesserung der eignen Lage einzutreten. Noch während des deutsch-französischen Krieges von 1870/71 erließ ein Komitee der Offenbacher Zigarrenarbeiter folgenden Aufruf:[26]

„Wir rechnen es uns zur Pflicht, in der gegenwärtigen Zeitperiode in welcher unser Geschäftsgang in ganz Deutschland ein ausgezeichneterer war als seit vielen Jahren, und auch noch lange so bleiben wird, an Euch einen Aufruf ergehen zu lassen. Der Arbeitslohn richtet sich bei der heutigen Produktionsweise nach Angebot und Nachfrage für Arbeitskraft, unser Lohn ist aber im Verhältnis zum Angebot der Arbeit unbedeutend gestiegen; wir haben nur das Recht eine übermäßige Zeit zu arbeiten, wodurch

---

25 *Jg. 1869, S. 21*
26 *Dahns, S. 51*

August Bebel und Friedrich Wilhelm Fritzsche

etwas mehr verdient wird als gewöhnlich. Solange die Lohnarbeit existiert, wird das eherne Lohngesetz nicht beseitigt werden, dieses steht felsenfest.

Wenn wir den gegenwärtigen Geschäftsgang im Verhältnis zu unserem Lohn betrachten, so können wir nicht unterlassen, die gesamten Zigarrenarbeiter Deutschlands aufzufordern, sich zu vereinigen, um in allen Städten und Orten, wo nur Zigarrenarbeiter existieren, eine Lohnerhöhung zu verlangen. Wir gehen von der Überzeugung aus, daß in der Gesamtheit eher eine Lohnerhöhung zu erzielen ist als in einzelnen Orten.

Wenn wir an einzelnen Orten eine Lohnerhöhung verlangen, so sagen unsere Arbeitgeber, wir können das nicht tun, weil wir dann mit anderen Fabrikanten nicht konkurrieren können. Wenn wir aber in der Gesamtheit dieses Verlangen stellen, so muß dieser Grund fallen. Alle Arbeiter erheben sich und verlangen mehr Lohn, weil sie nicht mehr auskommen können, und wir sollen zurückstehen? Nahrung, Kleidung, Logis und sonstige Bedürfnisse werden teurer und unser Lohn bleibt immer auf einem Gebote stehen.

Wenn unser Vorschlag von einer großen Masse unserer Geschäftsgenossen anerkannt wird, so werden wir einen allgemeinen deutschen Zigarrenarbeiterkongreß ausschreiben, auf dem unsere gerechte Sache zum Austrag gebracht wird. Der Kongreß wird alle Angelegenheiten ordnen. Er wird bestimmen, wieviel Lohnerhöhung wir verlangen, auf welchen Tag wir in Gesamt-Deutschland unsere Forderungen stellen, überhaupt alles bestimmen, was zur Durchführung unserer Sache erforderlich."

Dieser Aufruf fand überall eine begeisterte Zustimmung und führte zu den verschiedenartigsten Vorschlägen. So beschloss eine Zigarrenarbeiterversammlung in Pirna, dem in Aussicht genommenen Zigarrenarbeitertag zu empfehlen, die Hausarbeit mit einem Schlag zu beseitigen und anschließend eine Lohnerhöhung zu verlangen. Auch Fritzsche, Präsident des Allgemeinen Deutschen Zigarrenarbeitervereins, konnte sich dieser Bewegung nicht entziehen und erklärte im „Botschafter" zu dem Offenbacher Aufruf:[27]

„Der Verein hat außer seinem Hauptzweck, die Organisation der Arbeit vorzubereiten, auch den nebensächlichen Zweck, soweit es die Grundformen der heutigen Gesellschaft gestatten, auf die Lohnverhältnisse der Zigarrenarbeiterkorporation zugunsten der Arbeiter einzuwirken. Die Frage, ob eine Besserstellung der Arbeiter dadurch herbeigeführt werde, daß die Löhne in die Höhe getrieben würden, könne füglich unberührt gelassen werden, da die Notgedrungenheit als Motiv der Tätigkeit in dieser Richtung angeführt werden könne, denn die Steigerung der Löhne in allen anderen Gewerken verteuert die Mittel der Befriedung der Bedürfnisse der Zigarrenarbeiter derart, dass sie ohne Lohnerhöhung trotz 14-16 stündiger Arbeit dennoch immer tiefer in ihrer Lebenserhaltung herabgedrückt würden."

Der Kongress von Hanau[28]

Der von dem Offenbacher Komitee angeregte deutsche Zigarrenarbeiterkongress tagte vom 17. - 20. Juni 1871 in Hanau und war von 33 Delegierten besucht, die 60 Orte vertraten. Seine Einstellung zur Lohnfrage fand ihren Niederschlag in der nachstehenden Resolution:

„Obgleich eine dauernde und erhebliche Besserstellung der Arbeiter durch Lohnerhöhung nicht zu erzielen ist, sondern nur durch Umgestaltung der kapitalistischen Produktionsweise in eine sozialistische, so erklärt dennoch der Kongreß, weil die Löhne in allen Gewerken angestiegen, während sie in der Zigarrenfabrikation sämtlich zurückgeblieben sind, daß es die heiligste Pflicht der Arbeiter ist, mit allen Mitteln einzutreten für eine Lohnaufbesserung in diesem Geschäftszweig, vor allem im Süden Deutschlands, zugleich aber auch dafür Sorge zu tragen, daß es dem Großkapital nicht gelinge, einzelne Träger der sozialdemokratischen Ideen durch außergewöhnliche Bedrückungen unschädlich zu machen."

---

27 *Ebd., S. 51*
28 *Aus: Dahms, S. 52f.*

Ein Minimallohn wurde nicht festgelegt, jedoch beschlossen die Delegierten, daß in Gebieten, wo zu schlechte Löhne gezahlt würden, eine Erhöhung von 10 und 15 Neugroschen auf die niedrigsten Sorten verlangt werden sollten. Diese Forderungen sollten in den vom Kongreß bestimmten Orten am 3. Juli eingereicht werden.

Hilferuf im „Botschafter" (HKS)

Die ersten Streiks gingen verloren[29]

Den Anfang machte Hanau. Die Forderungen wurden abgelehnt und 500 Zigarrenarbeiter traten in den Streik. Unter welchen Verhältnissen dieser Kampf ausgefochten werden musste, zeigt der nachstehende Aufruf:

„An die Mitglieder. Eine Forderung tritt an Euch heran, die Ihr nicht unerfüllt lassen dürft, wenn Ihr Anspruch auf den Namen Mensch haben wollt. Unsere Brüder in Hanau, die geknechtetsten unter uns, haben die Arbeit einstellen müssen, weil ihre Fabrikanten trotz des so günstigen Geschäftsganges ihnen keine Lohnzulage gewähren wollten! Sie die solange Hunger und Kummer getragen, sie, die selbst die Schmach ertragen, von ihren Mitarbeitern in anderen Orten als die Totengräber unseres Geschäfts gescholten zu werden, weil sie sich der eisernen Willkür ihrer Ausbeuter gefügt und dadurch uns allen eine verderbliche Konkurrenz geschaffen (!) sie, die schon einmal in der Verzweiflung zu denselben Mitteln gegriffen, unterliegen mußten, weil es uns an Gemeinsinn und Opfermut fehlte, sie treten jetzt vor uns mit dem Mahnruf:

„Tut Eure Pflicht an uns, weil wir sie jetzt an euch tun. Berlin, Leipzig, Koblenz, Biebrich, Stuttgart, Breslau, Ihr, die Ihr in Eurer Not die Hilfe aller genossen, seid dessen eingedenk. Gebt! Gebt mit vollen Händen. Tausendfach wird es Euch gesegnet sein. 500 Kollegen vertrauen auf Euch. Laßt sie nicht zuschanden werden. 500 Kollegen rütteln an ihren Fesseln, helft sie ihnen brechen. 500 Hungrige rufen nach Brot, sättigt sie, damit Euch nicht der Hunger packen möge. Und wenn auch nicht ein einziges Mitglied unseres Vereins unter diesen 500 ist, sie haben dennoch ein Recht auf unseren Beistand. Sie kämpfen für uns, sie leiden für uns.

---

29 *Aus: Dahms, S. 53*

34

Sie werden für uns siegen, wenn wir mit ihnen sind. Wir werden mit ihnen fallen, wenn wir sie feig oder eigennützig im Stich lassen wollen. Es lebe die Brüderlichkeit, es lebe der Kampf für das Menschenrecht."

Nach drei Monaten mussten die Hanauer Zigarrenarbeiter den Kampf aufgeben und sich mit der Zusage der Fabrikanten begnügen, „daß es, soweit es die Geschäfts- und Zeitverhältnisse gestattet, auch für die Folge die Löhne nach Möglichkeit aufgebessert werden sollten."

So etwa endeten auch die Lohnbewegungen in Magdeburg, Halberstadt, Burgsteinfurt und anderen Orten. Nur in Offenbach wurden die Löhne, wenn auch nach Beendigung des Streiks, um 25 v.H. erhöht. Anderswo mußten die Zigarrenarbeiter ihrer Organisation den Rücken kehren, wenn sie überhaupt wieder in Arbeit kommen wollten.

Erneuter Anlauf bei den Bäckern

Wie bei den Tabakarbeitern wurden in der zweiten Hälfte der 60-er Jahre in einer Reihe von Gewerbezweigen gewerkschaftliche Zentralverbände gegründet. So erfolgte im August 1868 in Berlin die Gründung eines Allgemeinen Deutschen Bäckervereins.[30] Auch in Frankfurt entstand eine Mitgliedschaft dieses Verbandes. Über dessen Tätigkeit ist uns nur wenig bekannt. Anfang der 70-er Jahre soll es in Frankfurt einen Lohnkampf der Bäcker gegeben haben.[31] Schon kurz darauf, Anfang 1875, fiel die Frankfurter Bäckerorganisation dem verschärften Unterdrückungskurs der Polizei im inzwischen preußisch gewordenen Frankfurt zum Opfer. Alle sozialistischen Vereine und die Gewerkschaften der Schuhmacher, Schreiner, Maurer, Steindrucker, Tapezierer, Schneider, Metallarbeiter und Bäcker wurden verboten.

Aufschwung der Gewerkschaften unter dem Sozialistengesetz

In der Folge des „Gesetzes gegen die gemeingefährlichen Bestrebungen der Sozialdemokratie" vom Oktober 1878 wurden im Deutschen Reich nahezu sämtliche gewerkschaftlichen Vereine und Mitgliedschaften, die sozialdemokratischer Tendenzen verdächtig waren, aufgelöst. Trotzdem ereignete sich in den 12 Jahren der Geltung des Gesetzes ein großer

---

30   *Weidler II, S. 431*

31   *Allmann II, S. 217*

Aufschwung der Gewerkschaftsbewegung. Der Ausgangspunkt bildete ein 1883 teilweise gewonnener Prozess, dem die Mitglieder eines Generalkomitees den Vereinigten Berliner Gewerkschaften „ausgesetzt" waren. Der Prozess führte zwar zu einigen Bestrafungen wegen vereinsgesetzlicher Verstöße, ließ aber das Bestehen der Organisation als mit dem Sozialistengesetz vereinbar unberührt.[32]

Dieser Prozessausgang löste im ganzen Reichsgebiet eine Welle der Neugründung von lokalen Fachvereinen mit gewerkschaftlichem Charakter aus. So wurden 1884 in Frankfurt u.a. Fachvereine der Bäcker und der Brauer ins Leben gerufen.[33]

Von der lokalen Ebene wurde nach kurzer Zeit der Schritt zur Gründung nationaler Verbände getan. So geschah im Juli 1885 auf einem Kongreß der Bäckergesellen Deutschlands in Berlin die Gründung des Verbandes der Bäcker und Berufsgenossen Deutschlands.[34]

Die ersten Jahre der Frankfurter Mitgliedschaft des Bäckerverbandes

Wie mühsam die gewerkschaftliche Arbeit der Bäcker nach wie vor war, zeigt uns eine Zusammenfassung des Protokollbuchs der Frankfurter Mitgliedschaft, in dem die ersten Jahre der Organisation von 1885 bis 1894 dargestellt sind. Diese Zusammenfassung ist uns von Allmann[35] überliefert: Das Protokollbuch enthält neben den Berichten von den Mitgliederversammlungen auch dieselben über alle öffentlichen Versammlungen sowie die Vorstands- und Kommissionssitzungen. Es spiegelt sich darin die ganze Bäckerbewegung Frankfurts aus jenen sieben Jahren wieder.

Danach ist die Mitgliedschaft Frankfurt a.M. des Deutschen Bäckerverbandes am 16. September 1885 gegründet worden. Durch das ganze Protokollbuch zieht sich wie ein roter Faden die Tatsache, dass der Kollege Ehrhardt, der auch wiederholt seine die Kollegen zum Aushalten anfeuernden Gedichte im Fachblatt veröffentlichte, die Seele der Frankfurter Bewegung war.

In folgendem das Protokoll der Versammlung vom 16. September 1885:

„Tagesordnung: 1. Der Verband der Bäcker und Berufsgenossen Deutschlands und sein Zweck. 2. Die Stellung der Frankfurter Bäckergesellen zur Sonntagsarbeit.

---

32 *Umbreit, S. 4*

33 *Eichler, S. 162*

34 *Allmann II, S. 236*

35 *Ebd., S. 236*

Die Versammlung war von ungefähr 300 Personen besucht und wurde von Herrn Ehrhardt eröffnet. Sodann wurde zur Wahl des Bureaus geschritten, welches in Anbetracht des vielen Materials folgende Personen umfaßte: Zum ersten Vorsitzenden wurde Johann Ehrhardt, zum zweiten Vorsitzenden Karl Deckmann, zum ersten Schriftführer Oskar Weiß und zum zweiten Schriftführer Siegfried Berberich gewählt.

Zu Punkt 1 ergriff Ehrhardt das Wort und erläuterte den Zweck des Verbandes. In erster Linie betonte er das solidarische Zusammengehen, um die Interessen der Kollegen zu wahren und gegen Uebergriffe zu schützen, denen der einzelne machtlos gegenübersteht. Organisiert, wenn auch nur in geringer Zahl, würden sie immer eine Macht bilden, die mit der Zeit maßgebend wird und auch die übrigen Kollegen auf ihre Sache aufmerksam macht.

In betreff des Sprechwesens[36] erklärt Ehrhardt, daß sich die Arbeitsvermittlung als alleiniges Monopol in den Händen des von der Genossenschaft[37] angestellten Sprechmeisters befinde und dadurch die Kollegen demselben gegenüber in einer abhängigen Stellung sind und eine Konkurrenz den hiesigen Kollegen nur von Vorteil sein würde.

Nachdem Ehrhardt flüchtig den Normalarbeitstag[38] erwähnt, bemerkte er noch, daß dadurch, daß die nächste Versammlung der Zentralkasse sowie der Kongreß in Frankfurt abgehalten werde, dem Verbande Gelegenheit gegeben sei, in den umliegenden Orten festen Fuß zu fassen und der Zentralkasse den Boden zu bereiten, da die dortigen Kollegen teils in der Innungs-, teils in der Ortskasse sind.

Es meldete sich noch der Reichstagskandidat Fleischmann zum Wort, welcher sehr eingehend den Zweck des Verbandes erläuterte und infolgedessen sich 34 Mitglieder in die Liste eintragen ließen, worauf zur Wahl des Vorstandes geschritten wurde. Aus derselben gingen hervor: Erster Vorsitzender Karl Deckmann, zweiter Vorsitzender Johann Fröhlich, Kassierer Chr. Körner, Schriftführer Oskar Weiß. Als stellvertretende Mitglieder wurden Michael Gmöhling, Franz Jäger und Johann Kürner gewählt."

Es wurden dann noch Beschwerden wegen zu langer Sonntagsarbeit vorgebracht, und die Kollegen ersucht, darauf hinzuwirken, daß in keiner Bäckerei Sonntags länger als sechs bis acht Stunden gearbeitet werde.

In der ersten Mitgliederversammlung ließ man betreffs der Sonntagsruhe eine Petition an den Reichstag zirkulieren, die alle Kollegen unterschrieben.

---

36   Sprechwesen = Arbeitsvermittlung

37   Genossenschaft = Innung

38   Normalarbeitstag = 8-Stunden-Tag

Kopf der Bäckerzeitung (HKS)

In der Versammlung vom 28. Februar 1886, in der schon eine Anzahl Offenbacher Kollegen sich in den Verband aufnehmen ließen, griff ein Kollege Jakob Conrad den Verband in gehässiger Weise an und mußte schließlich aus dem Saal gewiesen werden.

In der Versammlung vom 3. November 1886 beschäftigte man sich schon mit der Anschaffung einer Fahne. (Wir lächeln heute darüber, daß zu jener Zeit überall in neugegründeten Mitgliedschaften nach solcher ganz zwecklosen Fahne verlangt wurde. Die Kollegen konnten sich aber damals gar keinen Verein ohne Fahne denken, so war diese Einrichtung der Klimbimvereine ihnen zur Gewohnheit geworden).

Wiederholt wurden in den Versammlungen Vergnügungen zu Ostern, Pfingsten und Weihnachten festgelegt, mit der Begründung, sich dadurch die Freinacht[39] an den drei Festen zu erhalten. In den folgenden Versammlungen wurde schon über laue Beitragszahlung der Mitglieder geklagt.

In den Versammlungen dieser Zeit wurde der Streik in Hamburg-Altona eingehend erörtert. In den Versammlungen am 2. Februar 1887 wurde berichtet, daß ein gewerbliches Schiedsgericht (Vorläufer der Gewerbegerichte)[40] errichtet sei, von dem man sich auch für die Gesellen Vorteile versprach. In dieser Versammlung wurde angeregt, anläßlich des im Juli 1887 stattfindenden Schützenfestes in Frankfurt „Stricke zu machen" (die Arbeit einzustellen). Zur Begründung dieser Notwendigkeit wurde ein Fall angeführt, wo ein Meister seinen Gesellen pro Woche 3 Mark Lohn zahle. Ein Kollege Rerer, von Amerika zurückgekommen, munterte die Kollegen zum Aushalten und zu reger Agitation für den Verband auf.

Im März 1887 fand eine polizeiliche Kontrolle der Bäckereien statt, eine Folge der in den Versammlungen vorgebrachten Beschwerden über Bäcke-

---

39 *Freinacht = arbeitsfreie Nacht*

40 *Die Gewerbegerichte waren Vorläufer der heutigen Arbeitsgerichte*

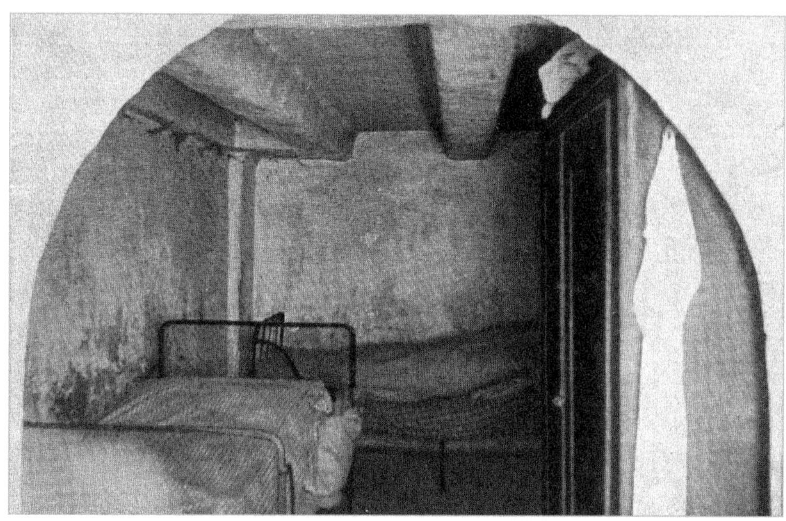

Schlafgelegenheit für Bäckergesellen (HKS)

reimißstände. Die Kontrolle hatte zur Folge, daß viele Bäckereien einmal gereinigt wurden, was ihnen auch sehr not tat.

Am 16. März 1887 referierte Pfeiffer-Berlin in einer Versammlung über „die Existenzberechtigung des Bäckerverbandes". Die nächsten Versammlungen beschäftigten sich mit dem 1887 in Frankfurt tagenden Bäckerkongreß und der Generalversammlung des Verbandes. Zu der letzteren stellte Frankfurt den Antrag, die Beiträge auf monatlich 20 Pfg. zu reduzieren.

Am 2. Juni 1887, anläßlich des Verbandtages, referierte der Hauptkassierer Hoppe-Berlin in einer Versammlung. In dieser Versammlung sprach noch eine größere Anzahl Delegierte zu den Kollegen. Während des Kongresses fand die Fahnenweihe der Frankfurter Mitgliedschaft statt.

Die folgende Versammlung am 3. August 1887 war nur von 50 bis 60 Kollegen besucht. Bei der Bannerweihe waren 200 DM Defizit gemacht, was dann zu Mißtrauen unter den Kollegen führte.

Am 2. November 1887 referierte in einer Versammlung der Kollege Martin Schwenk aus New York; aber auch dieses nützte nicht viel, es wollte in Frankfurt mit dem Verbande nicht recht vorwärtsgehen. Doch beim Weihnachtsball wurden dann wieder 200 Mark Überschuß erzielt, so daß immerhin Mittel zur Agitation vorhanden waren.

Am 5. April 1888 referierte Kretschmer-Hamburg in einer Versammlung, die aber nur von 40 bis 50 Kollegen besucht war.

In der Versammlung am 8. August 1888 stand die Frage auf der Tagesordnung: „Die Weiterexistenz der Frankfurter Mitgliedschaft". Dort wurden bittere Klagen geführt, daß nur noch einige Mitglieder vorhanden seien.

Alle Anstrengungen der nächsten Zeit nützten wenig; die Mitgliedschaft vermehrte sich nicht.

Am 13. März 1889 legte der Vorsitzende Tschan seinen Posten nieder und wurde dem fortwährend arbeitslosen Kollegen Ehrhardt auch dieser Posten noch aufgehängt. Das konnte nicht dazu beitragen, unter den Kollegen mehr Vertrauen zum Verbande zu schaffen.

Am 3. Juli 1889 fand wieder einmal eine gutbesuchte Versammlung statt (200 Mitglieder waren anwesend), in der Friedrich Massa als Delegierter vom Verbandstag und Kongreß in Berlin berichtete. Massa wurde nun zum Vorsitzenden der Mitgliedschaft gewählt. In dieser Versammlung wurde beschlossen, in eine Lohnbewegung einzutreten um folgende Forderungen aufzustellen:

„1. Lohn für Schießer 14 Mark, Teigmacher oder Weißmischer 10 Mark, Vierte nicht unter 6 Mark pro Woche.

2. Für Frühstück und Nachtessen mit Kaffee 70 Pfg. täglich, für Mittagessen auf Verlangen täglich 60 Pfg.

3. Zwölf- bis dreizehnstündige Arbeitszeit. Jede weitere Hitze Brot muß mit 30 Pfg. pro Mann bezahlt werden.

4. Beschränkung der Sonntagsarbeit auf höchstens zehn Stunden. Sonntags soll nur einmal Brot gebacken werden. Die Feiertage Ostern, Pfingsten und Weihnachten sollen ganz frei sein.

5. Die Schlafstellen sollen die Bäcker nicht mit den Hausburschen zusammen haben. Jedem Mann ist ein Bett zu stellen.

6. Beginn der Arbeit im Sommer nicht vor 9 Uhr und im Winter nicht vor 8 Uhr abends.

7. Für Mehlausschütten und Sackausstäuben sind 10 Pfg. pro Sack besonders zu vergüten.“

Die Versammlung am 10. Juli 1889 war wieder gut besucht und wählte die Lohnkommission.

In der starkbesuchten Versammlung am 17. Juli wurde schon konstatiert, daß die Mehrzahl der Meister den Gesellen bereits eine Lohnzulage gewährt habe.

In der starkbesuchten Versammlung am 31. Juli konnte die Lohnkommission berichten, daß die Genossenschaft (Innung) in den Verhandlungen erklärt habe, es jedem Meister zu überlassen, sich mit seinen Gesellen auf der Grundlage der Forderungen zu einigen. Eine Anfrage an die Versammelten, in welchen Bäckereien die Forderungen nicht anerkannt seien, ergab fünf Bäckereien, die noch nicht bewilligt hatten. Zu diesen Meistern ging die Lohnkommission und erzielte auch mit diesen noch eine Einigung. Die Lohnbewegung hatte also mit einem ganz schönen Erfolge abgeschlossen und konnte am 2. August beendet werden.

Der erfolglose Verlauf des Berliner Streiks träufelte aber Wermut in den schönen Erfolg in Frankfurt. Dazu kam dann noch die Amtsentsetzung des Hauptkassierers Hoppe, so daß in den Versammlungen immer mehr Mißtrauen gegen die Hauptverwaltung laut wurde und man sich in Frankfurt schon wieder mit der Frage beschäftigte, ob es nicht besser sei, die Mitgliedschaft aufzulösen und wieder einen Fachverein zu errichten.

Am 29. Januar 1890 referierte Kretschmer-Hamburg über „Die Lohnbewegungen des Jahres 1889". Fritz Augthun wurde zum Vorsitzenden gewählt. Die nächsten Versammlungen beschäftigten sich fast nur mit Klagen über die Arbeitsvermittlung. Die Broschüre des Genossen Bebel „Die Lage der Bäckereiarbeiter" wurde nun in mehreren Versammlungen besprochen.

Zur Generalversammlung 1891 in Altenburg wurde Augthun als Delegierter entsandt. Am 17. Juni 1891 referierte der Reichstagsabgeordnete Ulrich-Offenbach in einer gutbesuchten Versammlung über „Die Arbeiterschutzgesetzgebung".

Jetzt ging es mit der Mitgliedschaft wieder bergab und waren die Versammlungen sehr schlecht besucht. In der Frage der Sonntagsruhe hatte im März 1892 eine Kommission eine Audienz beim Oberbürgermeister in Frankfurt, welcher das gewerbliche Schiedsgericht veranlaßt hatte, sich mit der Frage zu beschäftigen.

Mit dieser Versammlung schließt das Protokollbuch.

1893 ging die Mitgliedschaft Frankfurt ein, um erst 1894 wieder neu errichtet zu werden.

> Wachet auf!
> Seht Eure Brüder
> Längst kämpfend für der Freiheit Sach'.
> Kein Sturm schlägt ihre Hoffnung nieder,
> Kein Leiden und kein Ungemach!
> Wollt Ihr von Knechtschaft Euch befreien?
> Wollt Ihr verbessern Euern Stand?
> So tretet ein in unsere Reihen,
> Wir reichen Euch die Bruderhand.
>
> Gedicht des Frankfurter Bäckerkollegen Johann Ehrhardt

Petition der Bäcker an den Reichstag: „… damit wir wieder zu Menschen werden können.“

Die Organisationsbedingungen der Bäcker, die vor allem durch eine Vielzahl von Klein- und Kleinstbetrieben gekennzeichnet waren, haben den gewerkschaftlichen Kampf sehr erschwert.
Nur unter außerordentlich schwierigen Umständen waren erfolgreiche Streiks zu führen. Die Bäcker haben als Mittel ihres Kampfes immer wieder den Weg an die Öffentlichkeit gewählt und sich wiederholt in Petitionen an den Reichstag gewandt. Eine derartige Petition wurde von dem 1887 in Frankfurt am Main durchgeführten Verbandstag der Bäcker veranlaßt. Der Verbandstag hatte eine Kommission aus sieben Frankfurter Kollegen gewählt und sie beauftragt, eine Eingabe an den Reichstag auszuarbeiten. Diese Petition wurde den Kollegen im gesamten Deutschen Reich zur Kenntnis gebracht, damit diese sie diskutieren und sie dann, mit zahlreichen Unterschriften versehen, an die Petitionskommission des Reichstages gehen lassen konnten. Die Petition lautete:[41]

„An den Hohen Reichstag!

Unterzeichnete Bäckergesellen in …. erlauben sich, einen Hohen Reichstag zu ersuchen, darauf hinwirken zu wollen, daß

1. Die Zahl der Lehrlinge, welche ein Meister halten darf, gesetzlich zu regeln ist.

2. Eine feste Arbeitszeit für alle Werkstellen von höchstens zwölf Stunden festzusetzen.

3. Die Sonntagsarbeit gänzlich zu verbieten oder doch auf das notwendigste Maß zu beschränken.

4. Die Koalitionsfreiheit der Arbeiter über jeden Zweifel sicherzustellen.

5. Das Sprechwesen (Arbeitsvermittlung) gesetzlich zu regeln.

Motive.

Seit vielen Jahren sind gerade die Bäckermeister bestrebt, möglichst viele Lehrlinge einzustellen, um den Gehilfenlohn zu sparen und somit konkurrenzfähiger zu werden. Die Folge davon ist, daß ein Bäckergeselle sehr schwer Arbeit erhält und ein großer Teil, gegen 40.000, somit gezwungen ist, arbeitslos von Ort zu Ort zu gehen, wobei es nicht ausbleiben kann, daß viele auf abschüssige Bahnen geraten. Dieselbe Wirkung hat auch die in unserm Gewerk übliche lange Arbeitszeit von 12 bis 18, ja in manchen Bäckereien gar 19 Stunden täglich. Dieselbe Arbeitszeit wird auch meist Sonntags innegehalten; denn nur wenige Städte gibt es in Deutschland,

---

41 Text nach Allmann II, S. 249

in welchen Sonntags keine frischen Backwaren zu haben sind. Daß bei einer solchen übermenschlichen Arbeitszeit unsre geistige und physische Kraft immer tiefer sinkt, beweist das geringe Kontingent, welches wir Bäcker zum Militär stellen. Auch sind wir durch beregten großen Übelstand sozusagen von der übrigen

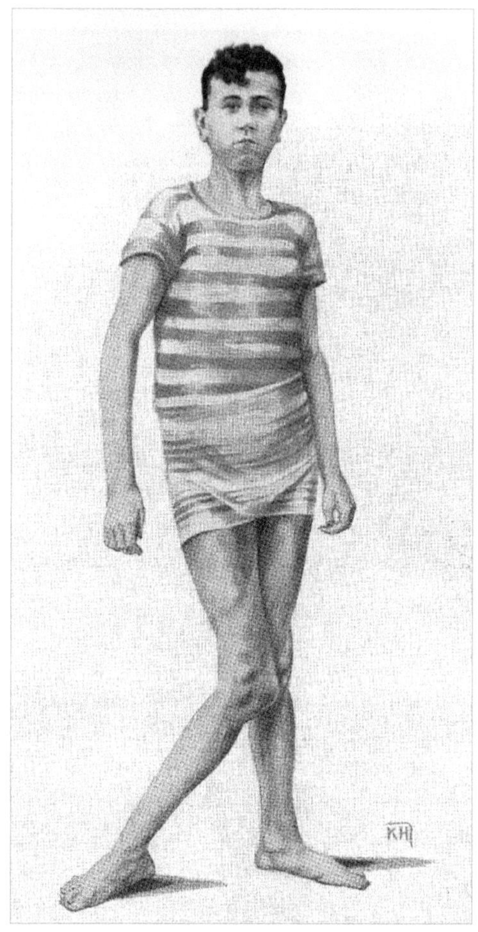

„Bäckerbeine" als typische Folge der Arbeitsbelastung (HKS)

Menschheit ausgeschlossen, und wollen wir uns wirklich einmal unter andern Menschen bewegen, so müssen wir uns die schon knapp bemessene Ruhe kürzen.

Ebenso suchen uns unsre Meister, welche in ihrem Innungsverband „Germania" über ganz Deutschland verbunden sind, das Koalitionsrecht zu nehmen. Als Beispiel führen wir an, daß die Bäckerinnung zu Lübeck sämtliche Gesellen, welche sich unserm Verband der Bäcker und Berufsgenossen Deutschlands angeschlossen *haben, zu entlassen drohte und den Vorstand sogar mit Hilfe der Lübecker Polizei veranlasste, die Stadt zu verlassen. Zu gleicher Zeit haben es die Meister in fast allen großen Städten verstanden, die Arbeitsvermittlung allein in die Hände zu bekommen; hierdurch haben dieselben die Macht, jeden Gesellen, welcher noch so viel Geist hat, für die Beseitigung der krassen Zustände im Gewerk zu streben, zu drangsalieren und brotlos zu machen. Außerdem betrauen die Innungen immer ehemalige, also meist gesunkene Meister mit dem Amte des Sprechmeisters, welche dann ihren Vorteil auf jede Weise zu wahren suchen und einen wahren Arbeitshandel treiben. Unterzeichnete geben sich der Hoffnung hin, daß ein Hoher Reichstag sich gern bereit findet, beregte Übelstände zu beseitigen, damit auch wir Bäckergesellen uns wieder unter Menschen bewegen und selbst wieder zu Menschen werden können.*

In aller Ehrfurcht
(Folgen die Unterschriften.)"

Daraus geht hervor, daß also im Jahre 1887 die erste Petition an den Reichstag unter den deutschen Kollegen zirkulierte, die eine Beschränkung der übermäßigen Zahl der Lehrlinge, Begrenzung der regelmäßigen Arbeitszeit auf zwölf Stunden täglich, Beseitigung oder doch Beschränkung der Sonntagsarbeit, Sicherung des freien Koalitionsrechts und Regelung der Arbeitsvermittlung verlangte. Von irgendwelcher Wirkung dieser Petition war aber später nichts zu berichten.

August Bebels Broschüre über das Bäckerhandwerk

Die wiederholten Petitionen der Bäckereiarbeiter an den Reichstag veranlassten den SPD-Reichstagsabgeordneten und Mitbegründer der Deutschen Sozialdemokratie, August Bebel, die Arbeitsbedingungen in den Bäckereien genauer zu untersuchen. Im September 1890 legte er eine berühmt gewordene Broschüre „Zur Lage der Arbeiter in den Bäckereien" der Öffentlichkeit vor, die das ganze Elend der Arbeitsbedingungen dokumentierte. Aufgrund einer Fragebogenaktion unter den Bäckergehilfen in Deutschland hatte Bebel ermittelt: 32,2% der Gehilfen hatten eine Arbeitszeit von 12 oder weniger Stunden täglich, in 48,5% der Betriebe dauerte die Arbeitszeit 13-15 Stunden, in 28,7% der Betriebe 16-20 Stunden. In 48,5% der befragten Bäckereibetriebe mußten also die Arbeiter sonntags, während in allen anderen Berufen die Arbeit ruhte, 14-20 Stunden schuften.[42]

---

42 *Allmann II, S. 336*

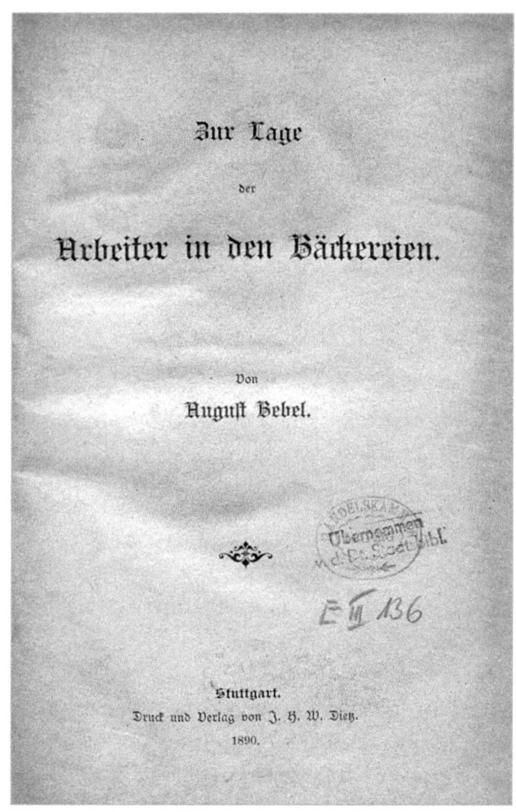

Bebels Broschüre zur Lage im Bäckerhandwerk (HKS)

Der Frankfurter Bäckerstreik von 1900

Die Bäckergesellen beschränkten sich jedoch nicht auf das Schreiben von Petitionen. Die Organisation machte Fortschritte und dadurch gelang es in immer mehr Orten, den Bäckermeistern gegenüber als ein Respekt gebietender Machtfaktor aufzutreten. So waren im Jahre 1900 in Frankfurt von 620 Bäckergesellen 480, also 3/4 gewerkschaftlich organisiert (heute eine Traumvorstellung!). Die Organisation beschloss daraufhin im April 1900 in eine Lohnbewegung einzutreten. Darüber berichtet uns Allmann:[43] „Ende April 1900 wurden in einer Versammlung der Bäckergesellen die folgenden Forderungen aufgestellt:

---

43   *Ebd., S. 314*

„1. Kost und Logis wird den Gehilfen nicht mehr vom Meister gestellt; dafür erhalten dieselben Minimalwochenlöhne von 27, 24 und 20 Mark. Wo bisher schon höhere Löhne üblich, werden dieselben nicht gekürzt.

2. Das zum persönlichen Bedarf nötige Brot wird den Gehilfen unentgeltlich verabreicht. Den Gehilfen ist ein Ankleideraum und Waschgelegenheit zur Verfügung zu stellen.

3. Den gesetzlichen Bestimmungen, betreffend den Maximalarbeitstag und die Sonntagsruhe, sind in vollem Umfange aufrechtzuerhalten. Gesetzlich erlaubte Überstunden werden pro Mann und Stunde mit 40 Pfg. vergütet.

4. An den drei Festen Ostern, Pfingsten und Weihnachten muß vom zweiten bis dritten Festtag die Arbeit in jedem Betriebe ruhen.

5. Für Aushilfen bis zur Dauer von drei Tagen werden pro Mann 6, 5 und 4 Mark bezahlt. Bei längerer Dauer unterliegt der Lohn der freien Vereinbarung.“

Der Verbandstag der süddeutschen Bäckergenossenschaften[44] beschloss betreffs der Beseitigung von Kost und Logis beim Meister: Es müsse dies jedem einzelnen Arbeitgeber selbst überlassen werden, die Angelegenheit mit den Gehilfen zu regeln, eine Korporation könne einen Beschluß in dieser Sache nicht fassen.

Dieser Beschluß veranlasste die Kollegen, sich nicht erst mit den Forderungen an die Meistergenossenschaft, sondern direkt an jeden einzelnen Arbeitgeber zu wenden. So wurden dann am 24. Mai die Forderungen an 221 Bäckereien in Frankfurt, Fechenheim und Hausen gesandt. Bis zum 26. Mai, mittags 12 Uhr, verlangte die Lohnkommission die Antwort zurück.

Schon am 25. Mai, als die Lohnkommission eine Sitzung abhielt, kam von der gerade stattfindenden Meisterversammlung eine dreigliedrige Kommission und lud die Lohnkommission der Gehilfen ein, an der Versammlung der Genossenschaft mit teilzunehmen, was auch am selben Tage noch geschah. Die Gehilfenvertreter taten ihr Möglichstes in dieser Versammlung, um den Meistern die Berechtigung und Möglichkeit der Durchführung ihrer bescheidenen Forderungen klar zu machen und waren die Meister nicht imstande, diese sachliche Begründung zu widerlegen.

Mit dem Bescheid, am 26. Mai, morgens 10 Uhr, Antwort zu erhalten, wurde die Lohnkommission entlassen, und nachdem abends 7 Uhr die Meister noch eine Generalversammlung abgehalten, lautete die Antwort dahin, daß ihre Versammlung mit 99 Stimmen die Bewilligung der Forderungen beschlossen habe. Da aber von den 221 Bäckereien, die in Be-

---

44 *Bäckerinnungen*

tracht kamen, die Genossenschaft nur 123 Mitglieder zählte, war dieser Beschluss nicht von so sehr großer Bedeutung, wenn derselbe auch freudigst zu begrüßen war als ein Zeichen, daß die Meister die Einigkeit der Gehilfen und die Macht ihrer Organisation respektieren. Die Brotfabriken, an welche eine höhere Lohnskala (24 und 26 Mark) eingereicht war, machten im letzten Augenblick noch viel zu schaffen; die Leute wollten es nicht begreifen, daß sie andre, höhere Löhne zahlen sollten als andre Meister; schließlich erklärten sie sich aber zur Bewilligung der Forderungen bereit. Am 26. Mai, nachmittags 2 Uhr, rücken die Bäckerbataillone zur entscheidenden Versammlung an, so daß bereits vor der Versammlung der große Saal abgesperrt werden mußte und viele keinen Einlaß fanden.

138 Betriebe mit 430 Gehilfen, also zwei Drittel der Bäckereien mit über zwei Dritteln der Gehilfen, waren bereits bis zum Beginn der Versammlung geregelt.

Mit 491 gegen 6 Stimmen wurde der Streik in den Bäckereien, die nicht bewilligt hatten und solchen, die ihre Bewilligung nicht aufrecht hielten, beschlossen.

Weil schon viele Beweise für die sehr unlauteren Absichten vieler Meister vorlagen, mußte zu außerordentlichen Mitteln gegriffen werden, und so wurde beschlossen, in ungeregelten Bäckereien sofort die Arbeit niederzulegen. Die davon betroffenen Kollegen begaben sich sofort ins Streiklokal, und bis nachts 12 Uhr rückte einer nach dem andern der saumseligen Meister heran, um zu bewilligen und seine Gehilfen zur Arbeit wieder zu bekommen.

Am 31. Mai, also nach fünftägigem Kampfe, waren noch 28 ungeregelte Geschäfte mit zirka 30 Gehilfen, über welche die an diesem Tage stattfindende Versammlung die Sperre verhängte und den Streik für beendet erklärte.

Am 3. Juli wurde vor dem Gewerbegericht folgender Lohntarif durch Vertreter der Meister und Gesellen abgeschlossen:

„Allgemeiner Lohntarif für das Bäckergewerbe in Frankfurt a.M., vereinbart zwischen der Bäckergenossenschaft und dem Verband deutscher Bäcker, Mitgliedschaft Frankfurt a.M., am 27. Mai 1900.

1. Kost und Logis wird vom Arbeitgeber nicht mehr gestellt, dafür wird den Gehilfen folgender Minimalwochenlohn gezahlt: Schießer 27 Mark, Teigmacher und Weißmischer 24 Mark, Backstuben- und Backhausvierter 20 Mark.

2. Das zum persönlichen Bedarf nötige Brot wird den Gehilfen unentgeltlich verabreicht. In jedem Betrieb sind den Gehilfen Waschangelegenheiten und Ankleideraum zur Verfügung zu stellen.

3. Als Arbeitszeit gelten die gesetzlichen Bestimmungen des Maximalarbeitstages und die der Sonntagsruhe; dieselben sind genau einzuhalten. Die nach diesen Geset-

zen erlaubten Ueberstunden werden mit 40 Pfg. pro Gehilfe und Stunde bezahlt.

4. An den drei Festen, Ostern, Pfingsten, Weihnachten wird vom zweiten zum dritten Feiertag nicht gearbeitet.

5. Bei Bedarf eines Aushelfers beträgt der Lohn pro Tag für den Schießer 6 Mark, für den Teigmacher und Weißmischer 5 Mark, für den Backstuben- und Backhausvierten 4 Mark. Dauert die Aushilfe länger als drei Tage, so unterliegt dieser Tarif der freien Vereinbarung.

6. Bei den vorkommenden Meinungsverschiedenheiten oder Streitigkeiten über den Sinn vorstehenden Tarifs hat die unterzeichnete Kommission zu entscheiden und sind eventuelle Beschwerden bei derselben anzubringen.

7. Das Sprechbureau[45] befindet sich Neugasse 29, erste Etage, und sind die Sprechstunden wie folgt eingeteilt: für Backstuben- und Backhausvierter von 2 bis 2 1/2 Uhr nachmittags, für Schießer, Teigmacher und Weißmischer von 2 1/2 bis 3 Uhr nachmittags. Das Bureau bleibt zwecks Nachfrage von 3 bis 4 Uhr offen.

Frankfurt a.M., im Juni 1900.

Die Kommission.

Für die Meister:

W. Stössel, Jos. Burkhardt,

Für die Gehilfen:

Gg. Goldstein, Heinrich Willet, Wilh. Creß, Balt. Kümmet."

In der Brotfabrik Hausen bei Frankfurt a.M., welche seinerzeit nicht mit ins Streikgebiet einbegriffen war, hatten unsre 22 dort beschäftigten Kollegen Forderungen auf eine Lohnerhöhung eingereicht. Am 30. Mai fand die Verhandlung mit der Direktion statt und wurde den Gesellen der Minimallohn von 22 Mark und für Teigmacher 24 Mark pro Woche zugesprochen (früher 19 und 21 Mark), womit sich die Kollegen einverstanden erklärten. Die dort beschäftigten Müller erhielten 1,50 Mark und die Brotkutscher 1 Mark Lohnerhöhung pro Woche.

Bewegung der Offenbacher Bäckergesellen

Die erfolgreiche Bewegung in Frankfurt inspirierte auch die Offenbacher Bäckereiarbeiter dazu, sich besser zu organisieren und gemeinsam für bessere Arbeitsbedingungen einzutreten. Auch über diese Bewegung, die ohne Streik zum Abschluss kam, liegt uns ein Bericht vor:[46]

---

45 *Arbeitsvermittlungsbüro*

46 *Allmann II, S. 320*

Zeitungen des Bäckerverbandes (NGG)

Während des Streiks in Frankfurt a.M. kostete es viele Mühe, die Kollegen in Offenbach a.M., welche in ihrer Mehrzahl so gern ohne alle Vorbereitungen mitstreiken wollten, davon abzuhalten und ihnen klar zu machen, daß sie erst in ihrer Mehrzahl organisiert sein müssten, ehe sie in eine Lohnbewegung eintreten könnten. Im Juni reichten sie dann, nachdem sie glaubten, dies nachgeholt zu haben, folgende Forderungen ein:

„1. Kost wird vom Arbeitgeber nicht mehr verabreicht. Dafür ist inklusive des Lohnes ein Minimalwochenlohn jedem Gehilfen zu zahlen, und zwar für den Schießer 23 Mark, Teigmacher 20 Mark, Weißmischer 20 Mark und Backstubenvierten 18 Mark. Höhere bisher bezahlte Löhne dürfen nicht gekürzt werden, außerdem wird Kaffee und das zum persönlichen Bedarf nötige Brot unentgeltlich verabreicht.

2. Die gesetzlichen Bestimmungen bezüglich des Maximalarbeitstages und der Sonntagsruhe sind in vollem Umfange einzuhalten. Gesetzlich erlaubte Ueberstunden müssen mit 30 Pfg. bezahlt werden.

3. Die bisherigen Freinächte sind ebenfalls in jedem Betriebe einzuhalten.

4. So ein Arbeitgeber einen Aushelfer verlangt, muss er denselben mit 5 Mark für Schießer, 4 Mark für Teigmacher und Weißbäcker und 3 Mark für Backstubenvierten bezahlen. Dauert die Aushilfe länger als drei Tage, so unterliegt dieser Tarif der freien Vereinbarung.

5. Bezüglich des Logis und der Schlafstuben sind die sanitätspolizeilichen Vorschriften genau einzuhalten; besonders darf die Benutzung eines Bettes durch zwei Personen nicht mehr in Anwendung kommen, ebenso muß in den Schlafräumen Waschgelegenheit vorhanden sein so wie für je zwei Personen ein Schrank, außerdem muß die Bettwäsche alle vier Wochen zum mindestens gewechselt werden, und sind ferner noch jedem Gehilfen zwei Handtücher für den Gebrauch in den Betriebsräumen und je ein Handtuch zum Gebrauch in dem Schlafraum zu verabfolgen.

6. Anerkennung der Organisation lautet § 152 der Gewerbeordnung. Entlassungen wegen Zugehörigkeit zur Organisation dürfen nicht stattfinden.

7. Obige Anträge, welche die Ergänzung zu der Lohnerhöhung bilden, sind, so dieselben von den Arbeitgebern akzeptiert werden, einer Kommission, bestehend aus drei Personen der Arbeitgeber und drei Personen der Gehilfenschaft, zu überweisen, welcher die Aufgabe obliegt, darüber zu wachen, daß in jedem Bäckereibetriebe diese vorliegende Forderungen streng durchgeführt werden.

8. Die hier formulierten Forderungen sind nach Annahme durch die Meisterschaft dem Gewerbegericht zu Offenbach als Tarif, gültig für Arbeitgeber wie Gehilfenschaft, einzureichen."

Darauf wurde ihnen am 24. Juni folgende Antwort gegeben:

„Infolge Ihres Schreibens wurde am Donnerstag, den 21. Juni, eine allgemeine Bäckermeister-Versammlung einberufen und zu Ihren Anträgen folgendes beschlossen: Punkt 1. Durch die Verschiedenartigkeit der hiesigen Bäckereibetriebe ist es nicht möglich, einen Minimallohn festzusetzen, und ist derselbe ja auch am Donnertag, 14. Juni, in der Generalversammlung hiesiger Bäckermeister geregelt und stellt sich meistens noch höher. Punkt 2. Wir werden uns bemühen, den Maximalarbeitstag und die Sonntagsruhe soviel wie möglich einzuhalten. Punkt 3. Die bisherigen vier Freinächte werden beibehalten. Punkt 4. Hat sich die Meisterschaft einverstanden erklärt. Punkt 5. Ist ja schon im Jahre 1896 vom Kreisarzt Dr. Pfannmüller besichtigt und geregelt worden. Punkt 6. Entlassungen haben bis jetzt darüber noch nicht stattgefunden und werden auch darüber nicht stattfinden. Da durch die Verschiedenartigkeit der hiesigen Betriebe ein Minimallohn nicht festgesetzt werden kann, so ist es nicht möglich, auf Punkt 7 und 8 weiter einzugehen und durch die Anerkennung der neuen Lohnerhöhung usw. durch die meisten hiesigen Gehilfen ist dies für uns erledigt.

Hochachtungsvoll

J.N.d.G.:   *U. Hertsch"*

Damit gaben sich die Offenbacher Kollegen zufrieden.

Der Bad Homburger Bäckertarif: „Die Gehilfen werden in Zukunft mit „Sie" angeredet."

Die Bewegung breitete sich zunehmend auch in kleineren Orten aus. 1901 wurde beispielsweise in Friedberg und Bad Nauheim von den Bäckergesellen gestreikt. Fast gleichzeitig in Bad Homburg laufende Tarifverhandlungen, an denen auch der Verbandsvorsitzende Oskar Allmann teilnahm, führten ohne Arbeitsniederlegung zum Abschluss folgenden Vertrages:[47]

„1. Es wird allen Schießern und verheirateten zweiten und dritten Gehilfen Kost und Logis außer dem Hause des Meisters gewährt; jedoch haben alle ledigen zweiten und dritten Gehilfen Logis im Hause des Meister zu nehmen und wird dafür der Betrag von 2,60 Mark pro Woche von dem Lohne, der hier festgesetzt wird, in Abzug gebracht.

2. Der Minimallohn für Schießer beträgt 23 Mark, für den zweiten Gehilfen 20,50 Mark und für letzte Gehilfen 18,50 Mark.

3. Der Morgenkaffee nebst Brötchen sowie das zum eigenen Bedarf nötige Brot wird den Gehilfen gratis gewährt, soweit dasselbe im Hause des Meisters genossen wird, und erhalten die außerhalb der Bäckerei wohnenden Gehilfen noch wöchentlich einen Laib Brot mit in die Wohnung.

4. Es werden den Gehilfen drei freie Tage im Jahre gewährt, und zwar an Ostern und Weihnachten vom zweiten auf dritten Festtag und am ersten Sonntag im Oktober (Sonntag auf Montag).

5. Die Gehilfen werden in Zukunft mit „Sie" angeredet.

6. Für die Überstunden an den letzten Tagen vor den drei hohen Festen erhalten die Gehilfen keine besondere Vergütung, jedoch wird ihnen an diesem Tage freie Kost vom Meister geregelt.

7. Bei etwaigem zu späten Eintreffen zur Arbeit wird im ersten Falle eine Strafe von 50 Pfg. vom Lohne in Abzug gebracht, jeder weitere Fall kann sofortige Entlassung nach sich ziehen.

Obige Bestimmungen treten mit dem 21. Juli in Kraft.

Homburg v.d.H., 13 Juli 1901.

Im Auftrage der Bäckergenossenschaft:

Carl Bücher. Peter Kofler.

Für die Gehilfen Homburgs:

E. Schwarzwälder. L. Schaller. Jean Frey. O. Allmann."

Die Lohnbewegungen der Bäcker in Frankfurt und Umgebung bis zum Jahre 1907[48]

Über die Lohnbewegungen des Bäckereiarbeiterverbandes in Frankfurt und Umgebung, über deren Bedingungen und deren Ergebnisse geben uns die nachstehenden Tabellen Aufschluss. Interessant ist u.a., dass durch

Frankfurt a. M.

Jahr	Streik	Lohnbewegung	Tarifabschluß	Durch den Streik geregelte Betriebe (Zahl)	Durch den Streik geregelte Betriebe (%)	Mindestlohn vor der Bewegung (Mark)	Mindestlohn nach der Bewegung (Mark)	Ueberstunden pro Stunde (Pfg.)	Beseitigung des Kost- und Logiszwanges	Ferien (Tage)	Tägliche Arbeitszeit vor der Bewegung (Std.)	Tägliche Arbeitszeit nach der Bewegung (Std.)	Tarifdauer (Jahre)	Tarifamt	Betriebe im Tarifgebiet
1895	—	1	—	110	49	8	17	—	{ Kost beseitigt }	—	14	14	—	—	—
1900	[1] 1	—	—	178	81	17	{ 27,24 / 20 }	40	{ Logis beseitigt }	—	13	12	—	—	—
1905	[2] 1	—	1	49	19	20	{ 28,25 / 21 }	50	—	—	12	12	—	—	276
1907	—	1	1	—	—	21	{ [3] 20 / 23 }	50	—	[4] 4	12	11½	3	1	291

[1] Der Streik dauerte vom 26. bis 27. Mai. [2] Der Streik dauerte vom 31. Mai bis 2. Juni. [3] Für die Hausburschen. [4] Beziehungsweise sieben Tage.

den Frankfurter Bäckerstreik von 1900 in 178 Betrieben die Arbeitsbedingungen geregelt werden konnten. Aus der Angabe über die Betriebszahl und die im Zusammenhang mit dem Frankfurter Streik bereits genannte

Offenbach a. M.

Jahr	Streik	Lohnbewegung	Tarifabschluß	Durch den Streik geregelte Betriebe (Zahl)	Durch den Streik geregelte Betriebe (%)	Mindestlohn vor der Bewegung (Mark)	Mindestlohn nach der Bewegung (Mark)	Ueberstunden pro Stunde (Pfg.)	Beseitigung des Kost- und Logiszwanges	Tägliche Arbeitszeit vor der Bewegung (Std.)	Tägliche Arbeitszeit nach der Bewegung (Std.)	Tarifdauer (Jahre)	Tarifamt	Betriebe im Tarifgebiet
1900	—	[1] 1	—	—	—	6	{ 23 / 20 / 18 }	—	Kost beseitigt	13	12	—	—	64
1905	—	1	1	—	—	7	{ 27 / 28 / 21 / 20 }	Der vierte Ofen 40	{ Logis nur noch Ledige }	12	12	—	1	61
1907	—	1	1	—	—	—	22	40	Logis beseitigt	12	11½	3	1	74

[1] Durch Zugeständnisse der Innung erledigt. [2] Sieben Freinächte an Ostern, Pfingsten, Weihnachten und Aschermittwoch.

48   S. Allmann II, S. 387-395

Jahr	Streik	Lohnbewegung	Tarifabschluß	Betriebe im Tarifgebiet		Mindestlohn vor der Bewegung	Mindestlohn nach der Bewegung	Ueberstunden pro Stunde	Beseitigung des Kost- und Logiszwanges	Tägliche Arbeitszeit vor der Bewegung	Tägliche Arbeitszeit nach der Bewegung	Tarifdauer	Tarifamt
				Zahl	%	Mark	Mark	Pfg.		Stb.	Stb.	Jahre	
1901	—	1	1	22	—	7,—	{ 23,— / 20,50 / 18,50 }	[1]—	Kost beseitigt	13	12	—	—
1906	—	1	1	25	—	18,50	{ 25,50 / 21,50 / [2]19,50 }	{ wie 1901 }	beseitigt	12	12	2	{ Gesellen- ausschuß }
1909	—	1	1	32	—	20,—	{ 26,50 / 23,50 / [3]21,50 }	—	—	12	12	3	Tarifamt

[1] Ueberstunden nur vor den Festtagen mit voller Kost vergütet. [2] Vom 1. April 1907 um 50 Pfg. erhöht. [3] Nach drei Jahren um 50 Pfg. erhöht.

Zahl von 620 Gesellen ergibt sich, dass im Schnitt pro Betrieb nicht mehr als drei Gesellen beschäftig waren. Die erfolgreiche Führung des Streiks muss daher als großartige gewerkschaftliche Leistung gewertet werden. Interessant ist weiterhin der Hinweis, dass im Jahre 1907 in Frankfurt und Offenbach erstmals Tarifverträge für die Bäcker abgeschlossen werden konnten, in denen 4 bzw. 3 Tage Ferien pro Jahr vereinbart waren.

Mit Revolvern gegen Streikposten: Der Bäckerstreik 1910

Einen ihrer schwersten Arbeitskämpfe haben die Frankfurter und Offenbacher Bäckergesellen im Jahre 1910 geführt. Im Kampf gegen die Organisation schreckten die Bäckermeister nicht davor zurück, bewaffnete Streikbrecher einzusetzen. Es ist in Einzelfällen sogar geschossen worden. Mit Hilfe von sogenannten Sola-Wechseln wurde den kompromissbereiten Arbeitgebern schwerer Schaden angedroht.[49]

Über diesen Arbeitskampf liegt uns folgender Bericht vor[50]

„Die geführten Streiks waren fast alle erbitterter Natur. Wir wollen zuerst auf die in Frankfurt am Main und in Offenbach ausgefochtenen eingehen. Dort war bereits im Vorjahre der laufende Tarif gekündigt worden; man

---

49   Sola-Wechsel: Wechsel, die von den Innungsmitgliedern bei der Innung hinterlegt wurden; sie wurden von der Innungsleitung eingelöst, wenn sich das Innungsmitglied nicht an die Kampfanweisungen der Innungsleitung hielt. Der Einsatz von Sola-Wechseln als Strafmittel war seiner Zeit bei den Arbeitgeberverbänden allgemein üblich.

50   Weidler, S. 82

forderte aber nicht höheren Lohn, sondern nur die Einführung des wöchentlichen Ersatzruhetages und an Stelle der zwölf- die elfstündige Arbeitszeit unter Beibehaltung des bisherigen Lohnes sowie die Errichtung eines paritätischen Arbeitsnachweises.

Es waren also große Fragen, die hier zur Entscheidung standen. Die Innung lehnte sämtliche Forderungen ab. Am 20. März fanden unter dem Vorsitz des Gewerberichters Einigungsverhandlungen statt. Auch diese verliefen ergebnislos. Die Meister erklärten, die Forderung des sechsunddreißigstündigen Ruhetages müsse fallengelassen werden, sonst seien alle Verhandlungen zwecklos. Auch verlangten sie, daß Vertreter der Gelben[51] an den Verhandlungen teilnehmen sollten. Dagegen wandten sich energisch unsere Vertreter. Auch der Gewerbegerichtsvorsitzende erklärte, daß die Gelben nicht berechtigt wären, an den Verhandlungen teilzunehmen, da diese das Gewerbegericht ja nicht angerufen hätten. Um zu zeigen, daß sie eine friedliche Verständigung wünschen, zogen die Gehilfen die Forderung auf Verkürzung der Arbeitszeit zurück und ließen die Forderung des sechsunddreißigstündigen Ruhetages für die Hilfsarbeiter fallen. Als Ersatz für eine dreistündige Sonntagsarbeit sollten die Hilfsarbeiter eine Woche Ferien erhalten. Die Forderung des Ruhetages für die Gehilfen wurde hochgehalten.

Am 21. März wurde auf Grund dieser neuen Forderungen vor dem vollbesetzten Einigungsamt verhandelt und betreffs des Ruhetages ein Schiedsspruch dahingehend gefällt: Sämtliche Bäckereien, die einen bis drei Gesellen beschäftigen, gewähren alle 14 Tage, und solche, die vier und mehr Gesellen beschäftigen, gewähren alle 10 Tage einen Ruhetag von 36 Stunden.

Meister und Gehilfen hatten nun über Annahme oder Ablehnung des Schiedsspruches zu befinden und die Meister lehnten ihn sofort ab.

Jetzt galt es schnell zu handeln! Schon am 22. März nahm eine von 465 Gehilfen besuchte Versammlung, gleichfalls hinterher eine von den Hilfsarbeitern abgehaltene Versammlung den Schiedsspruch an; es wurde aber in geheimer Abstimmung beschlossen, in allen Betrieben, die nicht bewilligen würden, sofort in Streik zu treten. Am selben Abend wurden noch 12 Tarifunterschriften gemeldet; in diesen Betrieben ist, ebenso wie in den Brotfabriken und dem Konsumverein, weitergearbeitet worden. Festgestellt wurde, daß am 23. März von 1.104 im Stadtgebiet Beschäftigten Bäckern 886 ausständig waren. An diesem Tage fand noch eine schon vorher vereinbart gewesene Sitzung vor dem Einigungsamte statt, in der aber auch nur festgestellt werden konnte, daß die Meister den Spruch abgelehnt und die Gesellen ihn angenommen hatten. Das Einigungsamt woll-

---

51 „Gelbe" = arbeitgeberhörige Scheingewerkschaften

Das alte Frankfurter Gewerkschaftshaus Ecke Allerheiligen-/Stoltzestraße (HKS)

te infolge des ausgebrochenen Streiks nun zunächst weiter keine Versuche zur Verständigung unternehmen. Für die Stimmung und den Charakter der Innungsleitung war es jedenfalls bezeichnend, dass in dieser Sitzung der Obermeister Drißler den Revolver aus der Tasche zog und erklärte: „Jetzt soll mir aber nur einer kommen." Unser Verbandsvorsitzender, O. Allmann, der zur Leitung der Bewegung selber nach Frankfurt gefahren war, mußte ihn energisch zurechtweisen, und fragen, ob er glaube, durch sein Gebahren die Lohnkommission oder die Streikenden einschüchtern zu können. Das Auftreten Drißlers war für dessen Gefolgschaft ein nachahmenswertes Beispiel - es dauerte nicht lange, so hatten sich viele Meister und die gewonnenen Streikbrecher mit Revolvern oder Gummiknüppeln bewaffnet. Unter dem Schutz der Polizeibeamten haben sie damit wiederholt offen die Streikposten bedroht. Auch einzelne Schüsse sind auf diese abgegeben worden. Die Bevölkerung Frankfurts wandte in steigendem Maße den Ausständigen ihre Sympathien zu. Schon am 24. März waren viele Tausend Flugblätter in der Stadt und Umgebung verteilt worden; in der folgenden Woche gab es eine neue Auflage. Volksversammlungen, von der sozialdemokratischen Partei bereitwilligst unterstützt, schafften Aufklärung der Massen, so dass der gegen die nichtbewilligten Betriebe verhängte Boykott in den Arbeitervierteln gute Wirkung zeigte. Eine besondere Färbung erhielt der Kampf noch dadurch , dass die Innungsleitung das erste Mal in größerem Maße mit Solawechseln zu arbeiten suchte, durch die jedem Meister, der die Forderungen anerkannte, ohne weiteres eine Buße von 400 Mark auferlegt werden sollte. Der ganze Kampf nahm also immer schärfere Formen an, zumal gleichzeitig auch die Bewegung im benachbarten Offenbach am Main eingesetzt und ebenfalls zum Streik geführt hatte. Obendrein kämpfte man noch in Karlsruhe und an anderen Orten. In Offenbach wurde von der Innung mit gleichen Mitteln gegen uns vorgegangen. Und nun holten die Gelben zu einem gemeinen Streich aus. Sie veröffentlichten in der bürgerlichen Presse beider Städte einen Tarif, den sie schnell mit der Innung vereinbart hatten. Es handelt sich dabei aber um weiter nichts, als um eine Abschrift unseres Tarifs, den wir gekündigt hatten. Mit der Unterschrift unter diesen Tarif wollte man jetzt das kaufende Publikum täuschen. Auch dieser Schwindel mußte erst wieder durch Flugblätter der Bevölkerung erklärt werden. Noch ein anderes Mittel wurde von der Innung versucht. Über die bewilligten Betriebe wollte man den Mehlboykott herbeiführen. An ein derartiges Experiment hatten sich früher schon einmal die Berliner Innungen gewagt. Doch dieser Schlag ging hier ebenfalls fehl, weil die Streikleitung rechtzeitig Gegenmaßnahmen traf und den Tarifunterzeichnern versichern konnte, dass sie keinen Mehlmangel zu befürchten brauchten. Schließlich wurde ein neuer Schwindel in Szene gesetzt, in dem man die Plakate der Streikleitung der bewilligten Betriebe ganz naturgetreu, sogar bis auf den gleichen Stempel, nachahmte und in die Fenster hing. Wieder mußte durch Flugblätter und in Volksversammlungen eine solche unverfrorene Kampfesweise gebrandmarkt werden. Doch der Terror gegen die Innungsmeister war so groß, dass nach den ersten beiden Wochen weitere Bewilligungen nur langsam einliefen und der Verbandsvorstand voraussehen mußte, dass bei der herrschenden Verbitterung neue Einigungsversuche vergeblich sein würden. Ein Abschluss des Streiks war deshalb vorzubereiten. Der Stand der Bewegung war am 16. April, in der vierten Woche des Kampfes, daß in 82 Betrieben 335 Kollegen zu den geforderten Bedingungen arbeiteten, 206 Kollegen waren abgereist und 379 Kollegen standen noch im Streik. Acht Tage später, am 22. April referierte der Verbandsvorsitzende über den ganzen Verlauf des Streiks und Boykotts; er empfahl, sich mit dem bisherigen Erfolg abzufinden und den Kampf abzubrechen. Die noch nicht bezwungenen Betriebe waren auch bei Fortsetzung des Boykotts infolge ihrer Geschäftslage nicht genügend schnell zu treffen, und nicht zuletzt mußte an die baldige Unterbringung der Streikenden gedacht werden. Diese Taktik wurde von der Versammlung gegen wenige Stimmen für richtig gehalten und mit folgender Resolution der Aufstand aufgehoben:

„Die Versammlung hält es in Anbetracht des Umstandes, daß von 920 am Streik beteiligten Kollegen nur noch 212 im Streik stehen, während 262 abgereist sind, 68 in andern Berufen Stellung gefunden haben und 339 Kollegen zu den geforderten oder besseren Bedingungen in Arbeit stehen, für zwecklos, den Streik noch weiterzuführen und erklärt deshalb den Streik für beendigt. Wir appellieren an die organisierte Arbeiterschaft und ebenfalls an die Teile der bürgerlichen Bevölkerung, die unsere bescheidene Forderung nach einem freien Tage an jedem 10. respektive 14. Tage für berechtigt halten, auch ferner nur in den Bäckereien ihre Einkäufe zu machen, die diese Forderung bewilligt haben. Durch die Unterstützung der brotkonsumierenden Bevölkerung wird auch in ferner Zeit mancher Bäckermeister sich gemüßigt sehen, unsere bescheidene Forderung nach dem Ruhetage anzuerkennen. Durch die protzige Ablehnung jeder Verhandlung über die Forderungen der Gehilfen seitens der Bäckerinnung verliert die Forderung nach dem regelmäßigen Ruhetage nichts von ihrer Berechtigung, und sie wird auch nicht eher verstummen, als bis sie von den Meistern anerkannt ist. Die Versammelten geloben, ihrer Organisation treu zu bleiben und dieselbe so zu stärken, dass wir bald erneut den Kampf um den Ruhetag wieder aufnehmen können.“

Gleichzeitig wurde auch der Ausstand in Offenbach beendigt, wo in 24 Betrieben 38 Bäcker und 9 Hausburschen zu den neuen Bedingungen arbeiteten. Man kann sagen, dass die große Ausdauer und Opferwilligkeit unserer Frankfurter und Offenbacher Kollegenschaft, trotzdem sie keinen vollständigen Sieg erringen konnten, doch reichliche Früchte getragen hat. Die Innungen haben damals durch diese langwierigen Kämpfe im Herzen Deutschlands erkennen müssen, daß der Einfluß und die Kraft des „roten Hamburger Verbandes“ doch weit größer war, als man bisher geglaubt hatte und dass die Hoffnung auf eine wirksame Hilfe durch die Gelben immer wieder täuschen werde.“

Bäckerinnungen: „Laut tönt der Ruf um Hilfe gegen die rote Gefahr…“

Die wachsende Stärke der Bäckereiarbeiterbewegung ließ die Innungsmeister laut um staatliche Hilfe rufen. Ihr Ziel war dabei, sich des gesamten gewerkschaftlichen „Spuks“ wieder zu entledigen und insbesondere keine Tarifverträge mehr abschließen zu müssen. 1909 wandte sich der Zentralverband Deutscher Bäckerinnungen mit einer Petition an den Bundesrat:[52]

„Die Ergebnisse der letzten Jahre gebieten mit Macht, daß endlich den berechtigten Wünschen der selbständigen Gewerbetreibenden Rechnung getragen wird. Der von der sozialdemokratischen Arbeiterschaft in der denkbar gemeinsten Art ausgeübte Terrorismus liegt wie ein Alp auf den Gewerbetreibenden. Die gesetzlich zulässigen Kampfmittel, Streik und Boykott haben derartige Formen angenommen, dass sie nicht nur die Existenz der Gewerbetreibenden, sondern den Staat selbst an den Rand des Verderbens bringen müssen. Ein krasses Beispiel, wie gegenüber den staatserhaltenden Gewerbetreibenden seitens der Sozialdemokraten aufgetreten wird, bietet die letzte Landtagswahl im Berliner 12. Wahlkreise.

Offen fordern die roten Führer in Flugblättern und Zeitungen die Genossen auf, alle zu boykottieren, die ihrer Partei oder ihren Forderungen nicht die gewünschte Unterstützung bringen. Jeder aufrechte Mann verliert seine Kundschaft... .

Man muß die Führer, die Gewerkschaften, die Verbände, Zeitungen (nicht bloß deren Redakteure) usw. für den verursachten Schaden verantwortlich machen und sie zur Zahlung des bereits angerichteten Schadens und des Schadens, der durch diese Handlungsweise auch in den ferneren Jahren den Gewerbetreibenden ersteht, heranziehen können. Außerdem müssten die Strafbestimmungen verschärft werden.

Laut tönt der Ruf um Hilfe gegen die rote Gefahr durch alle Gaue unseres Vaterlandes. Einzelbeispiele des oft unglaublichen Terrorismus hier anzuführen, dürfte sich erübrigen, da jedem Deutschen aus den Zeitungen bekannt ist, in welch schamloser Weise gegen die Gewerbetreibenden vorgegangen wird, die völlig ihrem Untergange entgegensehen.

Dem Arbeitswilligen wird ein Arbeiten unmöglich gemacht. Die arbeitslose Masse soll anschwellen und soll über die wahren Gründe der Arbeitslosigkeit die Regierung und das deutsche Volk irreführen, soll immer mehr unzufriedene Elemente schaffen. Diesem Streben muß endlich ein Damm entgegengesetzt werden.

Ein Abschluß von Tarifverträgen, der vielfach als Hilfsmittel genannt wird, bewirkt das Gegenteil. Für das Handwerk, insbesondere das Bäckergewerbe, haben die Tarifverträge sich nur als eine Schraube ohne Ende erwiesen, die die Arbeitgeber immer mehr ihrer Selbstständigkeit beraubten und die arbeitswilligen Arbeitnehmer zum Beitritt zu der roten Organisation zwangen.“

Diese Petition stellte allerdings die Tatsachen auf den Kopf. Denn in Wirklichkeit war es so, dass die Behörden beim Streit zwischen Arbeitgebern und Gewerkschaften in den meisten Fällen eindeutig für die Arbeitgeber Partei ergriffen. Streikposten wurden wegen groben Unfugs

---

52 Weidler I, S. 20

Erinnerungs- und Spendenkarte zur Maifeier 1891 (HKS)

verurteilt. Die Veröffentlichung von Solidaritätsaufrufen in der Gewerkschaftspresse wurde nicht selten mit Gefängnis geahndet. Der 13. Verbandstag des Bäcker- und Konditorenverbandes, der 1913 in Frankfurt am Main stattfand, hat mit einer Resolution entschieden gegen die Unterdrückung des Koalitionsrechts protestiert:[53]

„Angesichts des immer unverhehlter angewandten Terrors der Arbeitgeber unseres Berufes bei Lohnkämpfen, wobei die Bäckerzwangsinnungen ganz besonders rabiat auftreten, erklärt die 13. Generalversammlung: Die Art der seitens der Unternehmerorganisationen beliebten terroristischen Bekämpfung von Arbeitern, die ihre und ihrer Familie Lebenslage um wenige Pfennige zu bessern bestrebt sind, muß namentlich in ihren neuzeitlichen Formen als eine entmenschte, unsittliche und kulturfeindliche bezeichnet werden. Besonders verwerflich aber ist der neuzeitliche Terror der Bäckerzwangsinnungen, die durch Innungsstrafen die Arbeitgeber hindern oder zu hindern suchen, tarifliche Vereinbarungen oder Verabredungen über günstigere Lohn- und Arbeitsbedingungen zu treffen… Daher ist diese Art der Drangsalierung Existenzbedrohung der Kleinmeister und die auf diesem Umwege beabsichtigte Niederknüppelung von wirtschaftlichen Kämpfen als feig und niederträchtig zu bezeichnen. Der Geist der Unduldsamkeit und der Gewaltherrschaft, wie er aus diesen Unternehmerpraktiken weht, ist ebenso unsozial wie gesetzlos und widerwärtig …"

---

53   *Weidler I, S. 35*

August Bebel, Mitbegründer der Sozialdemokratischen Partei,
war einer der wichtigsten Mitstreiter der Bäckergesellen (HKS)

Die Organisation der Bäcker und Konditoren im Bezirk Frankfurt 1912

Über den Organisationsstand des Verbandes der Bäcker, Konditoren und verwandten Berufsgenossen Deutschlands im Bezirk Frankfurt liegen uns für das Jahr 1912 detaillierte Zahlen vor:[54]

Einwohnerzahl des Bezirks	1.079.900
Zahl der Bäckereien	1.237
Eine Bäckerei pro wieviel Einwohner	873
In diesen Betrieben sind beschäftigt	
Hilfskräfte überhaupt	2.961
auf 100 Betriebe kommen Hilfskräfte	239

---

54 *Weidler I, S. 35*

Die Beschäftigten gliedern sich auf:

Bäcker	1.797
davon organisiert	679
Konditoren	127
davon organisiert	6
ungelernte Hilfskräfte	673
davon organisiert	139
Lehrlinge	364
davon organisiert	8
auf 100 Gesellen kommen Lehrlinge	20

Die Bedeutung der Großbetriebe:

Betriebe mit Knetmaschinen	386
auf 1.000 Betriebe kommen solche mit Knetmaschinen	312
Betriebe mit 10 und mehr Arbeitern	22
auf 1.000 Betriebe kommen solche Großbetriebe	18
Arbeiter in Betrieben mit 10 und mehr Beschäftigten	494
auf 1.000 Arbeiter kommen solche in Großbetrieben	167

Diese Zahlen geben uns einen eindrucksvollen Überblick über den Stand der Organisation einerseits und andererseits über die enormen Schwierigkeiten, die angesichts der absoluten Vorherrschaft der Klein- und Kleinstbetriebe der wirksamen gewerkschaftlichen Organisation entgegenstanden haben müssen.

Neben der gewerkschaftlichen Arbeit waren die Bäcker wie die Brauer um die Jahrhundertwende auch sehr stark am politischen Leben beteiligt. 1899 gehörten fast 10% der Frankfurter SPD-Mitglieder diesen beiden Berufsgruppen an.[55]

Der Aufbau der Brauerorganisation in Frankfurt

1885 erfolgte auf Initiative Berliner Bierbrauergesellen die Gründung eines „Allgemeinen Brauerverbandes". Schon vorher, 1884, hatte sich in Frankfurt ein Fachverein der Brauer gebildet. Über die genauen Umstände der Frankfurter Gründung ist nichts bekannt. Im Juli 1885 hatte der Verein bereits 200 Mitglieder.[56] Er hat sich dann im Februar 1886 dem Allgemeinen Brauerverband angeschlossen.

---

55 *Eichler, S. 213*
56 *Rackert, S. 84*

Handwerkliche Brauerei (HKS)

Die Arbeitsbedingungen der Brauer waren nicht sehr viel besser als die der Bäcker, und ihre Organisation erwies sich als außerordentlich schwierig. Ein Frankfurter Sozialdemokrat hat dies später folgendermaßen geschildert:

„Es möge jetzt 30 Jahre her sin (d.h. etwa 1885), da ging ich mit dem verstorbenen Genossen Steurer an einem Sonntagnachmittag auf einige hiesige Brauereien, um auch diese Arbeiter auf die Organisation aufmerksam zu machen. Wir kamen da aber schlecht an. Die Leute hatten für solche Fragen kein Verständnis, trotzdem auf den Brauereien noch böse Zustände herrschten. Die Arbeitszeit dauerte von morgens 5 bis abends 9 und 10 Uhr; die ledigen Arbeiter hatten ihre Schlafstellen in der Brauerei. Der Wochenlohn betrug 15 - 18 Mark. Bier konnten die Arbeiter trinken, so viel sie wollten, und das geschah dann auch in reichlichem Maße; das Bierfaß ... lief Tag und Nacht, einer wollte immer mehr trinken können als der andere, betrunken legten sich viele dieser Arbeiter mit den Kleidern zu Bett. Wo konnte unter diesen Umständen Sinn für Organisation herkommen?!"[57]

Anschaulich werden die Arbeitsbedingungen in dem folgenden Gedicht geschildert:[58]

---

57 Eichler, S. 211
58 Aus Backert, S. 71

Brauerleben

Kaum färbt der Morgenröte Glut
Mit Purpurgold den Himmelsbogen –
Kaum daß wir kurze Zeit geruht,
Tönt schon der Weckruf langgezogen.
Halb schlafend noch ziehn wir uns an,
Noch liegt's wie Blei in allen Gliedern,
Und an die harte Arbeit dann
Gehts mit vom Schlaf noch müden Lidern.

Unausgesetzt mit voller Kraft
Muß stundenlang der Arm sich rühren,
Und ob ermattet und erschlafft
Er niedersinkt - Du darffst nichts spüren!
Wir schaffen bei der Darre Glut,
Den Rücken naß, den Atem trocken,
Da trieft der Schweiß, es kocht das Blut
Und stärker wird es Herzens Pochen.

Tief unten in des Kellers Schacht
In feuchten Gängen, gleich Kanälen,
Da müssen wir bis in die Nacht
Vom frühen Morgen an uns quälen.
Dort, wo das Bier im Kessel dampft
Und dichte Schwaden ihm entsteigen,
Der Riemen ächzt, die Pumpe stampft
Dort gilt's, den „Göttertrank" zu zeugen.

Und Tag für Tag in gleicher Hast
Treibt uns der Troß der Mammonsschergen.
Kaum gönnt man uns die nöt'ge Rast,
Um unsern müden Leib zu stärken.
Mit rauem Wort und barschem Ton
Befiehlt man uns, was wir zu schaffen,
Und oft trennt nur ein Hungerlohn
Uns vom Geschick gekaufter Sklaven.

Selbst wenn die Luft im Festgeläut
Der Glocken Töne leis durchzittern,
Dann hilft des Sonntags Fronarbeit
Das Leben völlig zu verbittern.
Ein Wort reicht oft schon dazu hin,
der Arbeitslosen Schar zu mehren,
Wie kommt es uns auch in den Sinn,
Uns über etwas zu beschweren?

Und kommt des Lebens schönstes Jahr,
Zur Manneswürde uns zu führen,
Sind wir der besten Kräfte bar
Und können unser Bündel schnüren.
dann haben wir zum Nutz der Herren
zu siechen Krüppeln uns geschunden,
Und die Gesellschaft wirft uns gern
Zu arbeitsscheuen Vagabunden.

Das ist das Los, das unser harrt,
Wenn wir nicht besser es gestalten;
Gelingt es nicht der Gegenwart –
Der Zukunft bleibt es vorbehalten.
Mag auch der feigen Kriecher Schwarm
Mit Speichellecken sich befleißen,
Einst wird der roten Streiter Arm
Die Sklavenketten doch zerreißen!

„Altersgrenze für Braugehilfen: 45 Jahre"

In einer Petition an den Reichstag hat sich der Allgemeine Brauerverband
dafür eingesetzt, die Altersgrenze für Brauergehilfen bereits mit dem 45.
Jahre eintreten zu lassen.
Die Petition lautet:[59]

*„An das Präsidium des Deutschen Reichstages! Das hochgeehrte Präsidium wolle
geneigtest bei dem Eintritt in die Beratung der Altersversorgungsfrage den Herren*

---

59   *Aus Backert, S. 141*

Allgemeine Brauer-Zeitung

Vom 1. Januar 1888 ab officielles Organ des Allgemeinen deutschen Brauerverbandes.

Redaction und Expedition: Dresden, Wölfnitzstraße 18.

Probe-Nummer.

Erscheint jeden Sonntag. — Abonnement bei directer Zusendung unter Kreuzband: für Deutschland und Oesterreich-Ungarn 1.50 Mk., für das Ausland 2 Mk. pro Quartal. Inserate die vierspaltene Petitzeile 20 Pf.

An die Mitglieder des Allgemeinen deutschen Brauerverbandes.

Auf dem diesjährigen Delegirtentage zu Frankfurt am Main ist der Beschluß gefaßt worden, vom 1. Januar 1888 ab der in Berlin erscheinenden Zeitung des Herrn Herm den Titel: „Officielles Organ des Allgemeinen deutschen Brauerverbandes" zu entziehen und wurde der Unterzeichnete mit der Herausgabe einer neuen Vereinszeitung vom genannten Termin ab beauftragt und verpflichtet, für ein pünktliches Erscheinen […]

Kopf der Zeitung des Allgemeinen Deutschen Brauerverbandes (1888) (NGG)

Abgeordneten empfehlen, die in diesem Schreiben bekanntgegebenen Verhältnisse der Braugehilfen in besondere Erwägung zu ziehen und die Bitte derselben:

„Den Beginn der Altersversorgung bei den Braugehilfen nicht mit dem 60., sondern mit dem 45. Jahre eintreten zu lassen", wenn möglich, zu gewähren. Die amtliche Statistik gibt den Beweis, dass das Sterblichkeitsverhältnis bei den Braugehilfen ein außerordentlich hohes ist und daß kaum fünf von Hundert als solche ein Alter von 60 Jahren erreichen und mindestens zwei Drittel derselben im Alter von fünfzig Jahren vollständig invalid sind. Bei vielen Braugehilfen tritt die Invalidität schon vor dem 45. Lebensjahre ein, und es nimmt selten ein Braumeister einen Braugehilfen in Kondition, der das 40. Jahr erreicht oder überschritten hat.

Die Ursache ist zu finden erstens in der von Jugend auf höchst anstrengenden zwölf- bis vierzehn-, ja sogar achtzehnstündigen täglichen Arbeitszeit; zweitens in dem öfteren Wechsel der Temperatur, dem der Braugehilfe ausgesetzt ist, und drittens in der unregelmäßigen Ruhezeit.

Eine Feststellung des Eintritts der Altersversorgung erst mit dem 60. Lebensjahre würde, wie bereits gesagt, von hundert derselben kaum für fünf eine Wohltat und auch dann nur auf eine kurze Zeit sein, da kaum ein Prozent ein Alter von 70 Jahren erreicht. Hiervon sind allerdings die Personen ausgeschlossen, welchen es möglich wurde, vor dem Eintritt der Invalidität sich einem anderen, dem Körper weniger anstrengenden Berufe zuwenden können. Die dieser Petition angefügten Unterschriften von über 2000 Braugehilfen bestätigen nicht nur die Richtigkeit des hier Gesagten, sondern vereinen sich mit uns zu der oben ausgesprochenen, den Herren Reichstagsabgeordneten zu geneigter Berücksichtigung empfohlenen Bitte.

Es erlauben sich zu zeichnen mit vorzüglicher Hochachtung Der Vorstand des Allgemeinen Brauerverbandes: R. Latarius, F. Haase, E. Hager, F. Rieger, A. Wagenführ, G. Scheufele, Thielen, Merkel, Eckert, Reistel."

Die großen Kämpfe der Frankfurter Brauer

Die Brauertarife zählen in der Bundesrepublik zu den besten Tarifen überhaupt. Wenn man sich die tariflichen Regelungen und die Gestaltung der Arbeitsplätze in den Brauereien heute ansieht, kann man sich gar nicht mehr vorstellen, unter welchen erbärmlichen Bedingungen unsere Brauerkollegen vor nicht einmal 100 Jahren ihr Dasein fristen mussten. Diese Entwicklung lässt sich zu einem erheblichen Teil dadurch erklären, dass der Brauerverband schon vor dem 1. Weltkrieg eine Vielzahl von großen Streik- und Boykottkämpfen geführt hat. Die Brauereiarbeiter erreichten bereits damals in Frankfurt einen Organisationsgrad von mehr als 40%, obwohl zu der Zeit im Braugewerbe noch eine Vielzahl von Klein- und Mittelbetrieben bestand. Auch wenn die Kämpfe zunächst oft mit Niederlagen oder nur geringen Erfolgen endeten, haben sie doch den Brauherren gezeigt, dass sie mit den organisierten Arbeitern rechnen mussten. Deshalb ist es in der Brauindustrie früher als in vielen anderen Gewerben üblich geworden, die Arbeitsbedingungen durch Tarifverträge zu regeln. Es ist kein Zufall, dass der Brauerverband als erste Gewerkschaft einen Tarifvertrag mit einem bezahlten Urlaub abgeschlossen hat.

Der Frankfurter Brauerstreik von 1889

Noch unter der Geltung des Sozialistengesetzes ist in Frankfurt der erste große Brauerkampf geführt worden. In der „Geschichte der Brauerei-Arbeiterbewegung" berichtet Backert ausführlich über den Verlauf:[60]
„Dem Brauerstreik in Frankfurt a.M. waren bereits Lohnbewegungen einer Reihe anderer Berufe am Ort vorausgegangen, die mehr oder weniger günstig für die Arbeiter ausfielen. Als solche Berufe wären zu nennen die der Schneider, Töpfer, Zimmerer und Maurer. Die Arbeitszeit in den Frankfurter Brauereien betrug damals täglich 15 und 16 Stunden. Die Löhne waren gering; 15-18 Mk. pro Woche war die Regel. Geklagt wurde in Frankfurt a.M. vor allem auch über die Verdrängung der älteren erfahrenen Kollegen durch die jüngeren Elemente. Brauer mit 28 bis 30 Jahren waren schon zu alt, die stellte man nicht ein. Dazu kam der Druck von oben, von dem endlich die Kollegen sich einigermaßen befreien wollten. Am 22. Mai fand im Heymannschen Lokal in Sachsenhausen die die Bewegung einleitende Versammlung statt. Erschienen waren etwa 500 Brauer. Die Versammlung leitete Kollege Jäger. Die Ausführungen des Vorsit-

---

60 *Ebd., S. 163ff.*

zenden, die in einer Schilderung der augenblicklichen und unhaltbar gewordenen Verhältnisse in den Brauereien gipfelten, fanden ungeteilten Beifall. Ein sich schon einige Zeit vor der Versammlung gebildetes Komitee hatte bereits Forderungen ausgearbeitet. Sie wurden in dieser Versammlung zum Vortrag gebracht und allerseits als das mindeste bezeichnet, was gefordert werden müßte. Die Eingabe lautete:

„Frankfurt a.M., 21 Mai 1889

Geehrtester Herr! Hervorgerufen durch verschiedene in unserem Geschäft noch bestehende Mißstände, sehen wir uns veranlaßt, untenstehende Forderungen Ihnen zur geneigten Entscheidung zu überreichen.

Die Arbeitszeit soll eine zehnstündige, und zwar von 6 bis 6, sein.

Die Sonntagsarbeit soll auf drei Stunden beschränkt werden und, wo selbige unumgänglich länger notwendig, mit 50 Pf. pro Stunde vergütet werden, sowie jede Ueberstunde an Arbeitstagen mit 40 Pf. pro Stunde.

Der Lohn soll ein wöchentlicher, und zwar jeden Samstag zahlbar sein, jedoch soll der Minimallohn 24 Mk. betragen.

Soll es jedem Burschen gestattet sein, zu essen, wo er essen wolle, besonders sind die Küchen zu beseitigen, in welchen ein Vorgesetzter der Brauerei die Kost stellt.

Es soll keinem Burschen wegen Vereinsinteressen ein Hindernis betreffs Einstellung entgegengestellt werden, ebenso soll keiner deswegen entlassen werden.

Wir hier versammelten Brauer bekunden durch Namensunterschrift, daß wir nach Beschluß der heutigen Versammlung, falls eine friedliche Verständigung über unsere Forderungen mit den Herren Arbeitgebern bis Freitag, den 24. Mai, mittags 12 Uhr, nicht stattgefunden hat, die Arbeit niederlegen. Ferner verpflichten sich die hier anwesenden fremden Brauer durch Namensunterschrift in den von der Bewegung getroffenen Brauereien auf die ganze Dauer der Bewegung keine Arbeit anzunehmen. Wir setzen jedoch auf die Humanität unserer Herren Arbeitgeber die Hoffnung, daß sie nach dem Vorbilde verschiedener anderer Städte auf friedlichem Wege suchen, sich mit uns zu verständigen und erklären, daß unterzeichnetes Komitee es durch Entgegenkommen nicht fehlen lassen wird, die Sache in gutem beizulegen.

Hochachtungsvollst unterzeichnet

Das Komitee:

K. Jäger, J. Gröndl. J. Schenk. J. Fritz. W. Wurzer. F. Bertsch. F. Floßmann. M. Hahner, M. Fuchs. A. Zeller. R. Krenzer. F. Ortegel.

Sollten die Herren Arbeitgeber geneigt sein, in Unterhandlungen mit unserem Komitee zu treten, so überlassen wir Zeit und Ort Ihrer Bestimmung und bitten dieselben unserem leitenden Vorsitzenden Karl Jäger, pr. Adr. Joseph Böhm, Frankfurt a.M., Klostergasse 2, anzuzeigen.

Ferner bitten wir noch die Herren Arbeitgeber, falls sich Kollegen des unterzeichneten Komitees in Ihrer Brauerei in Beschäftigung befinden, denselben Zeit zur Beiwohnung der Verhandlung zu bewilligen.“

Ihren Willen, die Forderungen nötigenfalls durch Kampf durchzusetzen, gaben die Versammelten durch einstimmige Annahme der folgenden Resolution kund:

„Die anwesenden Brauer verpflichten sich durch Unterschrift, Freitag, den 24. Mai, mittags 12 Uhr, die Arbeit sämtlich niederzulegen, wenn die Arbeitgeber diesen Forderungen kein Gehör schenken sollten. Die Verhandlungen mit den Besitzern sollten sofort beginnen; man hält hierzu die Zeit von 2 1/2 Tagen für ausreichend.“

In der Versammlung wurde zum Ausdruck gebracht, daß es angesichts der geringen Forderungen wohl kaum zum Streik kommen würde. Unsere Kollegen urteilten freilich etwas optimistisch. Der Leiter der Versammlung am 22. Mai wurde anderntags ohne Angabe von Gründen entlassen. Unterhandlungen mit der von der öffentlichen Brauerversammlung beauftragten Kommission lehnten die Unternehmer ab. Sie ließen durch Anschlag in den Betrieben verkünden, was sie geben wollten und fügten dem gleich hinzu, wer unter den gebotenen Verhältnissen nicht arbeiten wolle, könne gehen. Das erregte bei den Kollegen erst recht Erbitterung. Am 25. Mai, mittags 12 Uhr, legten in den Brauereien Stern-Oberrad, Henrich, Henninger und Reutlinger die Kollegen die Arbeit nieder. Am 26. Mai schlossen sich noch die Kollegen der Brauerei Essighaus und der Brauerei Jung an. Es streikten bei Henninger 53, bei Henrich 35, Stern 26, Essighaus 8, Reutlinger 22, Jung 24, Binding 6, Oberländer 4, Graf 3, Seger 2 Kollegen. Die organisierten Böttcher beschlossen, jedwede Streikarbeit zu verweigern. Wegen der Durchführung des Beschlusses mußten die Böttcher in der Brauerei Henninger und Henrich schon am 26. Mai ebenfalls zum Streik greifen. Die Unternehmer stellten sofort Hilfsarbeiter ein und wandten sich an die verschiedenen Brauerherbergen um Brauer. Es wurden seitens der Streikenden größere Trupps Arbeitswillige aus Stuttgart und Würzburg abgefangen und zur Rückkehr bewogen. Auch sannen die Arbeitgeber auf Rache. Sie tauschten sofort die Listen mit den Namen der in Streik getretenen Kollegen gegenseitig aus, um den Streikenden das Fortkommen zu erschweren. Wie verbesserungsbedürftig die Verhältnisse in den dortigen Brauereien waren, geht aus den eigenen Zuschriften der Brauereien an die Frankfurter Tageszeitung hervor. So schrieb die Brauerei Binding in einer Zuschrift an die „Kleine Presse“:

„Der geringste Lohn der Brauer betrug 18,50 Mk., jetzt beträgt er 20 Mk. Die Arbeitszeit dauert von morgens 4 Uhr bis abends 6 Uhr (also 14 Stunden brutto), wovon zwei Stunden für Essen in Abzug zu bringen sind…“

Wenn man berücksichtigt, wie mit Ausbruch des Kampfes das damals in Frankfurt schon mächtige Braukapital einig gegen die organisierten Kollegen zusammenstand, wie die Polizei sich sofort den Unternehmern willig zur Verfügung stellte, wenn man weiter in Berücksichtigung zog, daß hinter den Streikenden keine rückgratfeste Organisation und ihnen keine nennenswerten Geldmittel zur Verfügung standen, dann galt der Streik im voraus als verloren. Die Streikenden haben zum Teil anfangs Juni die Arbeit wieder aufgenommen. Die meisten wurden nicht mehr eingestellt und wurden zur Abreise gezwungen. Es wurden durch den Streik Lohnaufbesserungen erreicht, die Zwangsküchen[61] wurden größtenteils abgeschafft, auch trat eine bessere Regelung der Arbeitszeit ein. Größtenteils allerdings für diejenigen, die nicht mitgekämpft hatten. In Frankfurt bestanden bekanntlich damals zwei Brauervereinigungen. Der Gauverein, welcher dem Allgemeinen Brauerverband angeschlossen war und der Lokalverein. Die Streikenden stammten aus beiden Vereinen. Der Lokalverein verfügte beim Ausbruch des Streiks etwa über 2.100 Mk., der Gauverein über 1.270 Mk. Die Opfer des Streiks wurden seitens der beiden Vereine, wenn auch mangelhaft, unterstützt. Der Streik führte dazu, daß die beiden Vereinigungen aufgerieben wurden. Erst nach der Neukonstituierung des Verbandes 1891 sehen wir in Frankfurt am Main wieder eine Organisation entstehen, die unter schwerem Ringen sich am letzten Ende doch die Achtung der Unternehmer erobert hat.“

Der zweite Anlauf: Frankfurter Brauerstreik 1892

Fast drei Jahre dauerte es nach dem weitgehend gescheiterten 1. Kampf von 1889, bis sich die Frankfurter Brauerorganisation wieder erholt hatte. Am 10. Februar 1892 wurde in Frankfurt ein neuer Gauverein gegründet, dem sofort 86 Kollegen beitraten. Auch in Hanau wurde im selben Jahr eine Mitgliedschaft des Brauerverbandes ins Leben gerufen.[62]

Trotz der weitgehenden Niederlage von 1889 war der Kampfesmut der Frankfurter Braugesellen ungebrochen. Wenige Monate nach der Neugründung des Gauvereines kam es erneut zum Streik. Darüber berichtet uns Backert:[63]

---

61 *Zwangsküchen: die Brauer wurden vielfach gezwungen, in den Brauereien zu essen und sich das Kostgeld vom Lohn abziehen zu lassen (s. Forderungsschreiben Abs. IV).*

62 *Backert, S. 197*

63 *Ebd., S. 405ff.*

„Nach dem Streik in der Brauerei Marienthal in Hamburg folgte ein solcher in Frankfurt a.M. Am Ostersonnabend 1892 hatten sich die in der Brauerei Essighaus beschäftigten unverheirateten Kollegen besprochen, am ersten Osterfeiertag die Arbeit unter der Motivierung zu verweigern, daß auch ihnen Sonntagsruhe zustehe. Dieser Entschluß wurde durchgeführt. Die zur Arbeit erschienen verheirateten Kollegen wurden ebenfalls wieder nach Hause geschickt, da man mit ihnen allein nichts beginnen konnte. Am zweiten Osterfeiertag wurden 20 ledige Kollegen wegen Arbeitsverweigerung entlassen. In den meisten der von den Frankfurter Brauereien erlassenen Arbeitsordnungen war eine fünfzehnstündige Bruttoarbeitszeit vorgesehen. Auch gingen nunmehr die Braumeister in Bezug auf Sonntagsarbeit noch provozierender vor. Einer dieser Herren erklärte: "Daß er sich um die gesetzliche Sonntagsruhe nicht kümmere; er lasse nunmehr Sonntags auch ausweichen und Haufen ziehen."

Gegen Ende Juni reichten die Kollegen der Brauerei Bindung Forderungen ein. Die gute Organisation bewirkte, daß nach einigen Tagen durch gegenseitige Verhandlungen folgendes vereinbart wurde: Lohn für verheiratete Brauer 24 Mk., für unverheiratete Brauer 22 Mk., Arbeitszeit innerhalb 12 Stunden 10 Stunden; Festsetzung der Sonntagsarbeit auf 3 Stunden; Bezahlung der Ueberarbeit an Wochentagen mit 40 Pf. Sonntags mit 50 Pf. pro Stunde; Vergütung der Sonntagsdujour[64] durch einen halben Tag Freizeit während der Woche.

Am 27. Juni reichten die Kollegen der Brauerei Jung ebenfalls Forderungen ein. Diese waren: für Brauer und Bierfahrer 24 Mk. Wochenlohn, für Hilfsarbeiter einen solchen von 20 Mk., zehnstündige Arbeitszeit; Extrabezahlung der Ueberarbeit mit 35 Pf. bzw. 40 Pf. pro Stunde; Sonntags mit 50 Pf.; Herabsetzung der Sonntagsarbeit auf zwei Stunden; Bezahlung der Sonntagsdujour entweder mit doppeltem Lohn oder Gewährung eines vollen freien Tages; Abschaffung der Kündigung; Gewährung von Spesen für das Fahrpersonal.

Wegen dieser Forderungen kam es zum Streik. Auch die Kollegen der Brauerei Essighaus schlossen sich dem an. Das Bier der bestreikten Brauereien wurde seitens der organisierten Arbeiter boykottiert. Die Brauereien holten nunmehr zum Gegenschlag aus und erließen unterm 26. August in den Frankfurter Tagesblättern folgendes Inserat:

„Bekanntmachung

Unterm 24. bzw. 26. Juni wurden der Brauerei Jung und Brauerei Essighaus seitens ihrer Arbeiter je eine Resolution überreicht, worin unter anderem ca. 33 Proz.

---

64   *Trotz vieler Nachfragen konnte der Sinn des Wortes „Dujour" nicht geklärt werden. Da Zuschläge für „Dujour" gezahlt wurden, muss es sich um eine Arbeitserschwernis gehandelt haben. Als mögliche Erklärungen wurden genannt, dass es sich um Arbeit ohne Pause oder dass es sich um zweimaliges Antreten am Tag gehandelt habe.*

☛ Zur Mai-Feier 1892. ☚

Samstag, den 30. April 1892, Abends halb 9 Uhr

8 grosse öffentliche Volks-Versammlungen

für Männer und Frauen

in folgenden Lokalen:

Schwager's Felsenkeller, Röderbergweg 122,	Zum Rebstock, Kruggaffe 4,
Zur Germania (Bornheim) bei Rausch, Peter-weilstraße 15,	Im Westend: Zum Nahe-Ida-Thal, Ecke der Hafen- und Gutleutstraße,
Im Meriansaal, am Merianplatz,	In Oberrad: Zum Taunus, Frankfurterstraße,
Zum grünen Wald, Allerheiligenstraße 26b,	In Niederrad: Zum Engel, Forsthausstraße 9.

Tages-Ordnung: Die Bedeutung des 1. Mai.

Referenten: Brühne, Brandt, Diener, E. Fischer, G. Hoch, Wilhelm Schmidt, Vetters und Westphal.

Sonntag, den 1. Mai ds. Js., Nachmittags 2 Uhr

☛ großes Volks-Fest ☚

unter den hohen Wartbäumen, Darmstädter Landstraße.

Zeitungsinserat zur Frankfurter Maifeier 1892 (HKS)

Lohnerhöhung, Verminderung der Arbeitszeit um zwei Stunden sowie ferner die Zusicherung gefordert wurde, daß innerhalb der nächsten drei bzw. vier Monate keiner der damals beschäftigten Arbeiter entlassen werden dürfte ohne einen von den Arbeitern als triftig anerkannten Grund, während für den Arbeiter selbst das Recht des jederzeitigen Austritts bestehen bleiben sollte. Zwei hiesige Brauereien hatten unter Androhung des Boykotts bereits Zugeständnisse gemacht, jedoch waren die an die Brauereien Jung und Essighaus gestellten Forderungen, abgesehen von deren diktatorischem Tone, gegenüber den anderen so übertrieben hoch, daß endesunterzeichnete Brauereien sich veranlaßt sahen, zu einer Vereinigung zusammenzutreten und Stellung gegen solches derartiges maßloses Vorgehen zu nehmen. Im Einverständnis mit unterzeichneten Brauereien haben die Brauereien Jung und Essighaus die gestellten und unerfüllbaren Forderungen abgelehnt, demzufolge über beide der Boykott verhängt wurde. In Anbetracht der übertriebenen Arbeiterforderungen und in Erwägung der Drohung, den Boykott auf sämtliche Brauereien auszudehnen, wurde von der Vereinigung in der Sitzung vom 22. August folgender Beschluß gefasst: ‚Falls der Boykott über die Brauerein Jung und Essighaus seitens der Gewerkschaftsvereine nicht innerhalb von acht Tagen aufgehoben oder über eine der unterzeichneten Brauereien neuerdings verhängt werde, so verpflichtet sich die Vereinigung der hiesigen Brauereien, ihre sämtlichen dem Gauvereine angehörigen Brauer, Bierfahrer, Brauereihilfsarbeiter und Böttcher sofort zu entlassen.‘ Frankfurt a.M., 25. August 1892.

G.H. Bader, Brauerei Essighaus; Bindingsche Brauereigesellschaft; Brauerei Stern; Joh. Gerh. Hennrich; J.J. Jung Erben; Kempfs Bierbrauereigesellschaft, Oberländer; Fritz Reutlinger; Vereinigte Brauereien J.H. Bauer jun.; Gräff und Seeger.“

Die Arbeiter von Frankfurt a.M. und Umgegend antworteten auf diese Bekanntmachung mit Verschärfung des Boykotts. Zur Aussperrung kam es nicht. Zwischen der von einer Volksversammlung gewählten Kommission und der Brauereivereinigung kam es nach einer längeren Verhandlung zum Friedensschluß, und zwar unter folgenden Bedingungen:

1. Verkürzung der effektiven Arbeitszeit auf 10 1/2 Stunden unter Beibehaltung des Minimallohnes.

2. Vollständige Wahrung des Koalitionsrechts sowie völlige Freiheit im Lesen der Zeitungen und Zeitschriften.

3. Wiedereinstellung der noch am Platze vorhandenen in den Streik getretenen Arbeitnehmer.

4. Die Brauereien verpflichten sich, ihre Säle zu allen politischen Versammlungen der Arbeiter herzugeben und den Pächtern und Oekonomen dementsprechende Mitteilung zu machen.

Daß auch damals schon die Arbeiter seitens der Behörden scharf ins Auge gefaßt wurden, das beweist unter anderem, daß der Kollege Reule wegen Anklebens von Boykottplakaten in eine Polizeistrafe von 90 Mk. genommen wurde. Zum Gaudium der Streikenden kam es während des Streiks unter den Arbeitswilligen auch zu einer regelrechten Keilerei. Die Streikabrechnung des Frankfurter Streiks vom Jahre 1892 sieht folgendermaßen aus:

Einnahme:
Mk.
Gesammelt von den Kollegen in:

Wiesbaden	25,95
Ludwigshafen	99,83
Kassel	30,—
Mannheim	11,95
Fürth	34,45
Mainz	108,—
Würzburg	22,—
Freiburg B.	31,—
Meißen	10,30
Homburg	37,—
Dortmund	34,—
Lübeck	42,50
Uelzen	18,50
Braunschweig	58,60

Frankfurt a.M.	1.041,—
Durch Wiehle	39,70
Zum 7. Verbandstag gesammelt	86,39
durch die Böttcher in Berlin,	
Frankfurt und Mannheim	112,05
Frankf. Gewerkschaften	628,78
Hilfsarbeiterverein Hamburg	50,—
Brauereiverein Fürth	26,—
Lokalverein Frankfurt	100,—
Lokalverein Stuttgart	313,—
Gauverein Frankfurt	443,—
Gauverein Berlin	320,—
Gauverein Kiel	89,—
Gauverein Hamburg	400,—
Gauverein Hanau	30,40
Gauverein Hannover	45,—
Gauverein Dortmund	50,—
Kollegen in Bremen	52,50
Zusammen	**4.390,90**

Ausgabe:	
Streikunterstützung	3.720,21
Druckkosten	334,25
Fernhaltung des Zuzuges	13,06
Verwaltung	323,38
Zusammen	**4.390,90**

1893: Tarifabschluss mit der Brauerei Henninger

Ohne Streik gelang es dem Brauerverband 1893, eine Vereinbarung mit der Brauerei Henninger abzuschließen. Diese Vereinbarung lässt schon die Konturen der heutigen Manteltarifverträge erkennen. Die Vereinbarung lautet:[65]

„1. Arbeitszeit zehn Stunden.

2. Sonntagsarbeit von 6 bis 9 Uhr.

---

65 *Aus Backert, S. 424*

3. Wochenlohn 24 Mk.

4. Ueberstunden werden mit 50 Pf. bezahlt.

5. Brauer halten sonntags kein Dujour.

6. Eine Stunde nach Beendigung der Arbeitszeit muß der Betrieb verlassen werden; innerhalb dieser Zeit können die Baderäume benutzt werden.

7. Kündigung ausgeschlossen.

8. Anständige Behandlung; freies Koalitionsrecht.

9. Freibier wird wie vorher beibehalten."

Monatelanger Kampf 1899

Einer der umfangreichsten Kämpfe, die die Brauerorganisation je geführt hat, ereignete sich im Frühjahr 1899 in Frankfurt. Backert berichtet:[66]

„Die 1899 eingeleitete Lohnbewegung der Frankfurter Brauereiarbeiter führte zum Streik. Es war dies ein harter Kampf, neben der Aussperrung in Berlin im Jahre 1894 bis dahin die umfangreichste Streikbewegung der Brauereiarbeiter überhaupt. Ueber 5 Prozent aller Verbandsmitglieder kamen dabei in Frage. Es war im Frühjahr 1898, wie schon erwähnt, eine Lohnbewegung von den Organisationen der Brauer und Küfer geplant. Mit Rücksicht auf die Reichstagswahlen und auf Anraten der Lohnkommission des Gewerkschaftskartells wurde dieselbe auf eine günstigere Zeit verlegt. Letztere glaubte die Organisation anfangs 1899 für gekommen. Nachstehende Forderungen wurden im März 1899 an die Brauereien eingereicht.

„1. Arbeitszeit. Zehnstündige pünktlich geregelte Arbeitszeit, von morgens 6 Uhr bis abends 6 Uhr, einschließlich 1/2 Stunde Frühstücks- und 1 1/2 Stunde Mittagspause.

2. Minimallöhne. Für Brauer, Küfer, Fahrburschen, Maschinisten, Heizer und Handwerker einen Minimallohn von 28 Mk. und für Hilfsarbeiter 24 Mk. pro Woche. Die Entlohnung hat jeden Freitag stattzufinden.

3. Ueberstunden. Ueberstunden sind mit 60 Pf. pro Stunde zu vergüten und ist jede angefangene Stunde als voll zu betrachten.

4. Sonntagsruhe. Vollständige Beseitigung der Sonntagsarbeit. In der Mälzerei ist jedoch an Sonn- und Festtagen die äußerst notwendige Arbeit abwechselnd der Reihenfolge nach von dem Mälzerpersonal zu verrichten. Die Sonntagsarbeit wird als Ueberstunde betrachtet und ist pro Mann und Stunde mit 70 Pf. zu vergüten. Das gleiche gilt für eventuelles Eisgeben im Gärkeller sowie für das Pferdepflegen an Sonntagen.

---

66 *Ebd., S. 472ff.*

5. Beseitigung der Dujour.[67] *Sollte in irgendeinem Betrieb Dujour notwendig werden, so ist pro Mann und Stunde 70 Pf. zu vergüten.*

6. Mälzerei. Mälzer sind nach beendigter Kampagne nicht auszustellen, sondern anderweitig zu beschäftigen. Sollte eventueller Arbeitsmangel eintreten, so erklären sich sämtliche Arbeiter solidarisch, abwechslungsweise von Woche zu Woche auszusetzen.

7. Haustrunk. Der Haustrunk ist wie bisher zu verabreichen, doch muß derselbe von guter Qualität sein.

8. Landtouren. Landtouren sind pro Tour mit bis zu 2 Mk. zu vergüten. Das gleiche gilt für Handwerker, welche zeitweise oder vorübergehend bei Kunden beschäftigt werden.

9. Koalitionsrecht. Freies Koalitionsrecht innerhalb und außerhalb des Betriebes.

10. Arbeitsordnung. An Stelle der bisherigen Bestimmungen der Arbeitsordnung treten die obigen Bestimmungen und Vereinbarungen, und ist jedem beschäftigten und neueintretenden Arbeiter ein Exemplar der neuen Arbeitsordnung einzuhändigen.“
Die Forderungen waren auf einer sehr eingehenden statistischen Erhebung aufgebaut. Dort wurde nachgewiesen, daß die Lohnverhältnisse der Frankfurter Brauereiarbeiter gegenüber denjenigen anderer Städte mit gleich teuren Lebensverhältnissen noch weit im Rückstande waren. Dennoch lehnte die Brauereivereinigung nicht nur die Forderungen, sondern auch Verhandlungen über dieselben ab. Als auch die seitens der Lohnkommission gemachten Versuche auf Einzelverhandlungen erfolglos blieben, kam es am 22. März zunächst auf der Brauerei Henninger zum Streik; 106 Kollegen waren dabei beteiligt. Weitere Versuche seitens der Arbeiterschaft, den Kampf nur auf einen Betrieb zu beschränken, scheiterten nach wie vor an dem hartnäckigen Unternehmerstandpunkt. In einem Betrieb nach dem anderen kam es zum Ausstand, nach einer Woche standen rund 550 Kollegen im Streik. Unterm 24. März ließ die Brauereivereinigung der Lohnkommission folgendes Schreiben zugehen:
„Frankfurt a.M., 24. März 1899

Herrn Eduard Gräf, hier.

Nachstehend teile ich Ihnen den soeben gefaßten Beschluß des Verbandes mit: Nach Verlesung des Protokolls über die gestrige Besprechung, welche zwischen Vertretern des Verbandes der Brauereien, der Arbeiterschaft und des Gewerkschaftskartelles stattfand, hat der Verband beschlossen, an seinen Erklärungen, welche am 18. cr. abgegeben, festzuhalten, er ist nur bereit:

ad 2, Minimallohn, an einem von ihm demnächst zu bestimmenden Termin, jedenfalls noch vor dem 1. Mai a.c. denselben auf 26 Mk. pro Woche für Brauer, Küfer, Fahrburschen, Maschinisten zu erhöhen, wobei jedoch für Fahrburschen Vorausset-

---

67 *S. Fußnote 61*

zung ist, daß sie bereits im selben Betriebe ein Jahr mit einem Paar Pferden gefahren haben. Für Heizer gilt der gleiche Lohnsatz, wenn sie während eines Jahres ihre Befähigung für diesen Posten nachgewiesen. Bei Tagelöhnern dagegen hält der Verband an dem seither gewährten Minimallohn von 20 Mk. pro Woche fest, indessen wird nach einjähriger Dienstleistung eine Erhöhung eintreten.
Dieses Zugeständnis macht der Verband aber nur unter den folgenden ausdrücklichen Bedingungen.

1. Daß mit Gewährung dieser Lohnerhöhung die Arbeiterschaft sowohl als das Gewerkschaftskartell auf die Dauer von fünf Jahren, von heute an gerechnet, die ausdrückliche Verpflichtung übernimmt, weder mit Lohnerhöhung noch mit Aenderung der Arbeitsbedingungen an die einzelnen Verbandsmitglieder heranzutreten, wogegen der Verband sich verpflichtet, während dieser Zeit weder eine Lohnreduzierung noch Abänderung der festgesetzten Arbeitsbedingungen eintreten zu lassen.

2. daß den Verbandsbrauereien das gleiche Recht wie den Arbeitern gewährt bleibt, sofortige Kündigung eintreten zu lassen,

3. daß, nachdem die Verbandsbrauereien, bei denen bis jetzt ein teilweiser Ausstand eingetreten ist, ein Teil der fehlenden Arbeitskräfte bereits ersetzt, die gedachten Verbandsbrauereien verpflichtet sind, Arbeitswillige wieder aufzunehmen, soweit noch freie Stellen vorhanden sind,

4. daß der Verband bis Montag, den 27. März, abends, Ihren zustimmenden Bescheid erhalte.

Auf die Verhandlungen bei der gestrigen Besprechung eingehend, müssen wir daran festhalten, daß die Schichtarbeiter eine zwölfstündige Arbeitszeit leisten müssen, wobei die bei denselben stets vorkommenden Ruhepausen mit eingerechnet sind. Auch vermögen wir die zehnstündige Arbeitszeit für Fahrburschen und Mitfahrer nicht stets einzuhalten und können denselben Ueberstunden nicht bewilligen, weil damit eine Ermunterung zu längerem Ausbleiben gegeben würde; doch werden wir sämtliche Verbandsmitglieder veranlassen, nach Tunlichkeit die längere Arbeitszeit zu vermeiden. Ueber Sonntagsruhe wiederholen wir unsere letzte Bemerkung, daß der Natur unseres Geschäftes wegen eine strikte Durchführung einer solchen nicht möglich ist. Die Verbandsbrauereien unterlassen an Sonn- und Feiertagen das Brauen sämtlich, aber die Malzhaufen würden verderben, wenn sie sonntags nicht gewendet würden. Jede Mehrleistung als drei Arbeitsstunden wird als Ueberstunde vergütet; außerdem verfahren wir genau nach den gesetzlichen Bestimmungen. Der Arbeiter, der am Sonntag mehr als drei Stunden arbeitet, erhält den folgenden oder nächstfolgenden Sonntag die gesetzliche Ruhepause. Endlich wird der Verband nach erzieltem Einverständnis eine einheitliche Arbeitsordnung für alle Betriebe des Verbandes herbeiführen und mit dieser Arbeit nach Ostern beginnen.
Hochachtend
Der Verband der Brauereien von Frankfurt a.M. und Umgegend. F. Henrich."

Zeitungsköpfe des Brauerverbandes (NGG)

Die Lohnkommission wollte sich den Weg zu einer Verständigung nicht versperren. Sie beantwortete das Schreiben der Brauereien folgendermaßen:

„Frankfurt a.M., den 25. März 1899

An den Vorstand des Verbandes der Brauereien Frankfurts und Umgebung

z.H. des Herrn F. Henrich, hier.

Aus Ihrem Schreiben von gestern ersehen wir, daß in einigen Punkten eine Einigung zwischen uns möglich wäre. Wir stellen dieselben in nachfolgendem kurz auf:

1. Sie sind mit uns darüber einig, daß eine Tarifvereinbarung auf feste Zeit zwischen den Arbeitgebern und Arbeitern getroffen werden soll. Sie schlagen fünf Jahre vor, wir sind bereit, auf zwei Jahre einzugehen.

2. Wir halten außerdem die Einsetzung eines Tarifausschusses, der zur Hälfte aus Unternehmern, zur Hälfte aus Arbeitergelegierten besteht, für nötig.

3. Sie erklären sich bereit, die Arbeitsordnung einheitlich zu regeln. Wir akzeptieren dies, wenn die Regelung mit dem obigen Tarifausschluß erfolgt, bis 1. Mai beendigt wird und alle hiermit nicht geregelten Punkte betrifft.

4. Sie bieten eine Lohnerhöhung, außer für Tagelöhner an, allerdings nur in Höhe von 2 Mk. Wir schlagen vergleichsweise 3 Mk. für alle Arbeiterkategorien vor (4 Mk. waren gefordert).

5. Sie wollen auf Ihre Mitglieder einwirken, bei den Fahrburschen nach Tunlichkeit die längere Arbeitszeit zu vermeiden. Wir schlagen Ihnen vor, die Regelung so zu treffen, daß die regelmäßige Arbeitszeit der Fahrburschen bis 6 Uhr abends dauert und erst von da an Ueberstunden bezahlt werden.

Auf die Wiedereinstellung der jetzt streikenden Minderheit legen wir den größten Wert, dieselbe lässt sich in diesem Augenblick noch leicht und glatt bewerkstelligen. Wir werden uns gestatten, heute abend 6 Uhr auf Ihrem Genossenschaftslokal zur letzten mündlichen Verhandlung vorzusprechen und hoffen dort auch, Ihre Kommission oder bereits Ihre endgültige Antwort vorzufinden. Gelingt durch diese Besprechung eine Vereinbarung auf der oben angedeuteten Mittellinie, so werden wir in einer allgemeinen Brauerversammlung morgen vormittag vorschlagen, die Arbeit allseitig am Montag früh aufzunehmen bzw. fortzusetzen. Zu Verhandlungen auf anderer Grundlage sind wir nicht mehr bevollmächtigt und müssen dann allen weiteren Eventualitäten freien Lauf lassen.

Ganz ergebenst

Für die Lohnkommission der Frankfurter Brauereiarbeiter.

J.A.: Ed. Gräf.“

Die versuchte Einigung scheiterte. Ein weiteres Schreiben der Brauereivereinigung legte Zeugnis davon ab, daß die Unternehmer den Streik wollten. Um das Bild vollständig zu gestalten, sei noch folgendes festgehalten. Am 26. März beschloß eine Versammlung der Streikenden der Brauerei Henninger, im Kampf auszuharren, eine öffentliche Brauerversammlung gab eine Sympathieerklärung ab, die Kollegen der Brauerei

Binding beschlossen den Streik für den Fall, daß die Firma einer nochmaligen Intervention kein Gehör schenken würde. Kaum war am 27. März der Streik bei Binding perfekt, so traten die Vereinigten Brauereien zusammen und beschlossen die Aussperrung von 20 Prozent aller Arbeiter. Der Beschluß wurde vor den Bauereitoren sichtbar angeschlagen und einige Stunden später durchgeführt. Der Aussperrung folgte die Arbeitsniederlegung von Seiten der organisierten Kollegen auf der ganzen Linie. Nicht unerwähnt soll bleiben, daß die Frankfurter Polizei auf Veranlassung der Unternehmer umfassende Vorkehrungsmaßregeln getroffen hatte. Der Oeffentlichkeit gegenüber verstanden es die Frankfurter Unternehmer, unter Einrechnung des Freibieres usw. die Brauereiarbeiterverhältnisse recht günstig erscheinen zu lassen. Die organisierte Arbeiterschaft dagegen ließ sich damit nicht verblüffen, sie kam den in den Kampf getriebenen Brauereiarbeitern durch Verhängung des Boykotts über das Produkt der bestreikten Brauereien zu Hilfe. Es war ein zähes Ringen, standen sich doch zwei gleich starke Gegner im Kampf gegenüber. Weniger infolge Fehlens genügender Mittel zur Unterstützung als durch das verräterische Treiben des Bundes deutscher Brauergesellen, dessen Mitglieder aus allen Himmelsrichtungen den Unternehmern zur Hilfe eilten, gestaltete sich die Position der Streikenden im Laufe der Zeit ungünstig. Der Arbeitswilligenvermittler Hipp in Freiburg-Baden soll zwecks Unterbringung von Arbeitswilligen in den Frankfurter Brauereien längere Zeit in eigener Person in Frankfurt seines Amtes gewaltet haben.

Erst nachdem die Stellen in den Brauereien fast alle besetzt waren, machten die Unternehmer materielle Konzession. Würden diese Zugeständnisse anfangs gemacht worden sein, wäre es nicht zum Streik gekommen. Aber eingestellt sollte so gut wie keiner der Streikenden wieder werden. Die Unternehmer erklärten gegen sofortige Aufhebung des Boykotts sich bereit, bei Beginn der Mälzerei von den eventuell bis dahin noch in Frankfurt anwesenden, in den Streik getretenen Kollegen ihren Bedarf an Arbeitern nach eigener Auswahl unter Ausschaltung der Lohnkommission zu decken. Eine solche platonische Liebeserklärung wurde natürlich abgelehnt. Gegen Ende Mai wurde vom Sekretär der Auskunftsstelle für Arbeitsangelegenheiten, Herrn Dr. Stein, durch folgenden Vorschlag den streikenden Parteien die Vermittlung angeboten:

„Die Verbände der Brauereien und Brauer errichten gemeinsam einen Arbeitsnachweis, durch den von nun an ausschließlich die Stellenbesetzung zu erfolgen hat. Die Leitung und Aufsicht führt eine Kommission, die sich aus einer gleichen Zahl von Vertretern der beiden Verbände unter dem Vorsitze eines in einer gemeinsamen Vorsitzung zu wählenden Unparteiischen zusammensetzt. Die Geschäftsführung liegt in der Hand eines von der Aufsichtskommission gewählten Beamten“.

Wie in Mannheim 1898 so wurde auch hier der Kampf seitens der organisierten Arbeiterschaft am Orte vorschnell aufzuheben versucht. Anläßlich der Protestbewegung gegen das Zuchthausgesetz wurde für die Aufhebung des Boykotts propagiert, was den Streikenden Veranlassung gab, den Streik für aufgehoben zu erklären. Eine Gewerkschaftskartellsitzung stimmte dem Entschluß zu und beauftragte zwei Genossen, das Nähere zwecks Wiedereinstellungen der Streikenden mit den Brauereien festzulegen. Die Wiedereinstellungen erfolgten langsam. War auch diese Bewegung für die Mehrheit der in den Kampf getretenen Kollegen ohne materielle Vorteile, so wurde durch sie nicht nur den Frankfurter Kollegen, sondern denselben noch mehrerer Orte der Weg erfolgreichen Wirkens geebnet. Wie später mitgeteilt wurde, soll den Frankfurter Brauereien vom „Zentralverband gegen Verrufserklärungen" 70 000 Mk. als Entschädigung für den Boykottschaden ausgezahlt worden sein.
Einige Anklagen aus der Boykottbewegung endeten in höheren Instanzen mit Freisprechung der angeklagten Genossen.

Ernstlich erwogen wurde anläßlich des Frankfurter Lohnkampfes die Gründung einer Genossenschaftsbrauerei. Die Aufbringung der Mittel war durch Anteilsscheine gedacht. Der Zweck der Gründung sollte sein, bei ähnlich wiederkehrenden Fällen ein Kampfmittel gegen das Braukapital zu schaffen. Die Idee wurde jedoch später wieder fallengelassen. Der Streik in Frankfurt am Main kostete 57.409 Mk., wovon aus der Hauptkasse 48.150 Mk. gezahlt wurden. In letzterem Betrag waren die gesammelten Beträge in Höhe von ca. 31.000 Mk. enthalten. Die Lokalkasse der Zahlstelle zahlte 3.396 Mk. zu, das Frankfurter Gewerkschaftskartell 3.404 Mk., der Rest setzte sich aus diversen Sammlungen und Zuwendungen zusammen. Die Ausgaben setzten sich zusammen: Unterstützung an die Streikenden 55.854,36 Mk., Fernhaltung des Zuzuges 192,34 Mk., Boykottkosten einschließlich Verwaltungsausgaben 1.262,30 Mk."

Streiks und Aussperrungen des Brauerverbandes bis 1900

Aus der Statistik des Brauerverbandes lässt sich ablesen, daß die Kämpfe in Frankfurt keine Ausnahmen waren. Insgesamt hat der Verband in den Jahren von 1891 bis 1900 106 Arbeitskämpfe durchgeführt. Davon waren 44 Angriffsstreiks und 62 Abwehrstreiks bzw. Aussperrungen. 6.636 Personen waren an den Kämpfen beteiligt.[68]

---

68 Backert, S. 490

Eine Statistik über die Herkunft der Streikgelder zeigt uns, dass diese Kämpfe nur geführt werden konnten, weil sie von einem hohen Maß an Solidarität der Verbandsmitglieder und der Mitglieder anderer Gewerkschaften getragen waren. Der Verband selbst verfügte zu der Zeit nicht über Streikfonds, mit denen er die Kämpfe hätte finanzieren können.

Herkunft der Streikgelder

Jahr	Gesamt-Streik-Kosten	Dazu trugen bei:		
	Mk.	Die eigenen Verbandsmitglieder in Form von Extrabeiträgen, Mk.	Andere Gewerkschaftsmitglieder, Mk.	Die Bruderverbände des Auslandes, Mk.
1891	6.372	5572	500	-
1892	25.680	20075	1735	3530
1893	13.108	8094	1317	-
1894	165148	24172*)	140977*)	1315*)
1895	1100	700	-	-
1896	18198	10102	860	824
1897	15136	7173	4823	703
1898	10960	7445	1223	-
1899	50730	23687	-	-
1900	3525	275	583	-

*) Im Jahre 1894 aufgebracht. Davon wurden einige tausend Mark für die Streikopfer in Form von Arbeitslosenunterstützung verwendet."

Da die ersten Streiks nicht selten verloren gingen, weil sie entweder nicht ausreichend vorbereitet waren oder nicht genügend unterstützt werden konnten, ist der Brauerverband schon bald daran gegangen, die Durchführung von Arbeitsniederlegungen zu regeln. Der Nürnberger Verbandstag von 1893 beschloss folgendes Streikreglement:[69]

„Streikreglement

§ 1. Bei einer etwaigen Arbeitseinstellung auf einer Brauerei hat die Lohnkommission sofort den Vorstand und die Zentralstreikkommission in Kenntnis zu setzen und die Sachlage wahrheitsgetreu klarzulegen.

---

69 *Aus Backert, S. 21*

§2. Größere Streiks sind tunlichst zu vermeiden, sollte es sich jedoch an Orten notwendig machen, so hat die Lohnkommission mindestens acht Tage vorher der Zentralstreikkommission Mitteilung zu machen und hierauf das Nähere abzuwarten.

§3. Bei etwaigen größeren wie kleineren Streiks müssen sämtliche Zweigvereine die Ausständigen unterstützen. Es sollen nach siebentägiger Karenzzeit Verheiratete 2 Mk., Unverheiratete 1,50 Mk. pro Tag erhalten.

§4. Die Vorstände der Zweigvereine sind verpflichtet, wenn an ihren Orten eine Arbeitseinstellung stattfindet, mindestens alle acht Tage Bericht zu erstatten.

§5. Den Anordnungen der Zentralstreikkommission ist unbedingt Folge zu leisten."

Die Staatsmacht war selten neutral (HKS)

Katze verkocht: 3 Wochen Gefängnis

Dass die Gerichte bei Streik auf Seiten der Arbeitgeber standen, mußten die Gewerkschaften in der Vergangenheit häufig erfahren. So wurde der Vorsitzende des Brauereiarbeiterverbandes Richard Wiehle im Anschluss an den großen Brauereiarbeiterstreik in Nürnberg im Jahre 1891 zu 3 Wochen Gefängnis verurteilt, weil er dem Brauereibesitzer Denk Vorhaltungen darüber gemacht hatte, dass in dessen Betrieb beim Bierkochen eine Katze mit verkocht wurde. Das Gericht sah durch diese im Rahmen der Tarifbewegung gefallene Äußerung den Tatbestand der Erpressung erfüllt.[70]

Frankfurter Böttchertarife

Der Beruf des Böttchers oder Benders, d.h. des Herstellers von Holzfässern, ist nahezu ausgestorben. Kaum jemand weiß heute noch, daß die Böttcher in der Geschichte unserer Gewerkschaft NGG eine wesentliche Rolle gespielt haben. Diese hochqualifizierten Facharbeiter waren hervorragend organisiert. In vielen Kämpfen haben sie sich überdurchschnittliche Arbeitsbedingungen gesichert. Der nachstehende Tarif für die Fassfabrik Heinrich Wellhöfer & Co. in Frankfurt am Main wurde nach einem kurzen Streik durchgesetzt. Bemerkenswert an diesem Tarif ist, daß in § 10 die Arbeitsfreigabe am 1. Mai von dem Unternehmer grundsätzlich akzeptiert worden ist, sowie daß nach § 11 der Arbeitsnachweis, d.h. die Arbeitsvermittlung durch den gewerkschaftseigenen Arbeitsnachweis der Küfer im Gewerkschaftshaus erfolgte. Der Tarif hatte folgenden Wortlaut:[71]

„§ 1. Die tägliche Arbeitszeit beträgt 9 1/2 Stunden. Dieselbe beginnt vom 1. Oktober bis 31. März um 7 Uhr morgens und endigt um 6 1/2 abends. Vom 1. April bis 30. September beginnt die Arbeitszeit um 6 Uhr morgens und endigt um 5 1/2 Uhr abends. An Samstagen ist eine halbe Stunde früher Feierabend. An den Vorabenden hoher Feste, Neujahr, Ostern, Pfingsten und Weihnachten, ist um 4 Uhr Feierabend, und wird den in Stundenlohn arbeitenden Leuten eine Stunde extra bezahlt. Das Aufräumen des Arbeitsplatzes sowie das Putzen der Maschinen geschieht in den letzten 15 Minuten vor Arbeitsschluß.

§ 2. Der Mindestlohn pro Stunde beträgt für Küfer 50 Pf., für Hilfsarbeiter 42 Pf. Leute, welche beim Inkrafttreten des Tarifes höher entlohnt werden, erhalten eine 10prozentige Aufbesserung.

§ 3. Ueberstunden sind, wenn irgend möglich, zu vermeiden und werden mit 15 Prozent Zuschlag vergütet.

§ 4. Jeder Akkordarbeiter erhält sein komplettes Werkzeug, und hat derselbe für Abgänge aufzukommen.

---

70 *Backert, S. 63*
71 *Helfenberg I, S. 285 f.*

§ 5. Zum Holzeinfahren werden tunlichst Hilfsarbeiter gestellt.

§ 6. Auf Montage beträgt der Lohn bei 9 1/2 stündiger Arbeitszeit 7,50 M. für ledige Vorarbeiter und 8,50 M. für verheiratete. Hilfsarbeiter erhalten 6,50 M. bzw. 7,50 M. Reisezeit und Ueberstunden werden nach denselben Sätzen vergütet. Für Sonntage auf Montage werden 4 M. vergütet.

§ 7. Alle nicht im Tarif stehenden Arbeiten werden nach Uebereinkunft angefertigt.

§ 8. Der Freitag gilt als Lohntag.

§ 9. Aufenthalts-, Wasch- und Ankleideräume sind den Beschäftigten entsprechend einzurichten.

§ 10. Die Freigabe des 1. Mai richtet sich nach dem jeweiligen Geschäftsgang, und ist daher eine vorherige Verständigung mit dem Geschäftsleiter stets erforderlich.

§ 11. Der unentgeltliche Arbeitsnachweis der Küfer im Gewerkschaftshaus wird anerkannt.

Frankfurt a.M., den 16. Oktober 1906.

Der Arbeitgeber: Heinrich Wellhöfer & Co. G.m.b.H.

Für die Arbeitnehmer: W. Seel, Gauleiter.

Für die örtliche Verwaltung: Hans Bätz.

Für die Lohnkommission: Adam Schneider, Joh. Wunder."

1913 spitzte sich die Tarifauseinandersetzung in den Frankfurter Apfelweinkeltereien soweit zu, daß die Unternehmer zur Aussperrung übergingen. Die Frankfurter Apfelwein-Großproduzenten legten ihren Arbeitern einen „Tarifvertrag" vor und sperrten alle aus, die sich weigerten, diesen zu unterschreiben. Das hatte zur Folge, daß eine kombinierte Versammlung der Brauerei- und Mühlenarbeiter und der Böttcher, Weinküfer und Hilfsarbeiter sich mit diesen Vorgängen beschäftigte und einen Boykott der betreffenden Keltereien vorschlug. Der Boykott wurde dann vom Gewerkschaftskartell beschlossen und tat sehr bald seine Wirkung, so daß kurze Zeit nach der Verhängung nach 2-maligen stundenlangen Verhandlungen folgendes vereinbart werden konnte:[72]

„Die Arbeitszeit ist eine regelmäßige und beträgt 9 1/2 Stunden täglich. Vom 15. November bis 15. März wird in allen Betrieben an den Samstagen nur 9 Stunden gearbeitet. Bei der Firma Freyeißen das ganze Jahr auch an den Montagen. An den Vorabenden vor Weihnachten und Ostern ist ohne Kürzung des Lohnes um 4 Uhr Feierabend. Vom Inkrafttreten des Tarifes ab, 1. Januar 1913, werden sämtliche bisher zur Auszahlung gelangten Löhne unter 30 M. mit 1,50 M., solche über 30 M. mit 1 M. sofort erhöht. Vom 1. Januar 1914 ab um eine weitere Mark respektive 50 Pf. - Sämtliche Löhne steigen während der Tarifdauer pro Jahr und Woche um mindestens 50 Pf., so daß im letzten Tarifjahr die jetzt höchstentlohnten Küfer und

---

72 *Helfenberg I, S. 349f.*

Fahrburschen einen Wochenlohn von 35 M. erreichen und die Hilfsarbeiter einen solchen von 30 M. Ueberstunden werden an Wochentagen mit 65 Pf., an Sonn- und Feiertagen mit 75 Pf. pro Stunde vergütet. Unter Fortzahlung des Lohnes wird jährlich ein Urlaub von drei bis sechs Arbeitstagen gewährt. Der § 616 wird anerkannt."

Im Weiteren wurde auch noch der Arbeitsnachweis der Organisation anerkannt.

Der Krieg gegen die rote Schleife

Über die politische Einstellung der Böttcher gibt uns eine Anekdote Aufschluss, die uns aus Mainz überliefert ist:[73]

„Der Zentralverband der Küfer Deutschlands, Zahlstelle Mainz, gab einem seiner Mitglieder das letzte Geleit. Der Verstorbene, Wilhelm Lauer, ein ruhiger, allgemein beliebter Kollege und Parteigenosse, erreichte nur ein Alter von 29 Jahren; allzu früh wurde er seinen Angehörigen, seinen Freunden und Kollegen entrissen. Bei der Beliebtheit, dessen sich der Verblichene erfreute, war es erklärlich, daß sich viele Verbandsmitglieder am Sterbehause, Frauenlobstraße, einfanden, ihm die letzte Ehre zu erweisen. In seinem Sinne glaubten die Freunde zu handeln, wenn sie die umflorten Banner des Verbandes wie der Krankenkasse und verschiedene Kränze mit entsprechender Inschrift dem Leichenzuge voraustrugen. Aber der Mensch denkt - und der Pfarrer lenkt. Noch ehe der Zug sich in Bewegung setzte, erklärte der amtierende katholische Geistliche, Pfarrer Seiß (Bonifatius) den Kranzträgern: „Die roten Schleifen müssen entfernt werden, sonst gehe ich nicht mit zum Friedhof." Diesem unberechtigten Verlangen wurde jedoch nicht stattgeben, sondern, um weitere Störungen zu vermeiden, ihm bedeutet, die Kränze hinter dem Leichenwagen herzutragen. Der Pfarrer schüttelte den Kopf: „Nein, wenn die Schleifen an den Kränzen bleiben, gehe ich nicht mit!" Darob allgemeine Entrüstung der Leidtragenden, die durch die entstandene Verzögerung jetzt erst in der Mehrheit erfuhren, um was es sich handelte. Der Herr Pfarrer empfindet aber anscheinen auch, daß er im Unrecht ist und glaubt nun, auf andere Wege sein Ziel erreichen zu können, indem er erklärt: Der Verstorbene habe sich noch in letzter Stunde bekehren lassen, und den Hinterbliebenen würde es nur Kummer bereiten, wenn die Schleifen nicht entfernt würden. - Eine sofortige Anfrage darüber im Sterbehaus ergab die Antwort: Die Kränze können bleiben wie sie sind, die Schleifen stören nicht.

---

73 *Ebd., S. 292f.*

- Mit den Worten: „Kommt, Kinder, laßt uns gehen!“ verschwindet der Seelsorger mit seinen Knaben, begleitet von Nachrufen aus der erregten Menge, die hier Zeuge war, wie Toleranz von jener Seite geübt wird. Aber es geht auch ohne den Herrn Pfarrer. Der Leichenzug setzte sich in Bewegung. Auf dem Friedhofe angelangt, hielt Genosse Stadtverordneter Seel die Grabrede, die Genossen Zörgiebel und andere legten die Kränze mit kurzen Ansprachen nieder, und der letzte Dienst ist dem dahingeschiedenen Freunde geleistet. Das Gebaren des Geistlichen aber hat sich in diesem Falle selbst gerichtet.“

Die Frankfurter Friedhofsschlacht

Auseinandersetzungen um rote Kranzschleifen waren für die Arbeiterbewegung im Kaiserreich etwas Alltägliches. Zur Zeit des Sozialistengesetztes kontrollierte die Polizei regelmäßig die Farbe und die Aufschriften der Schleifen bei der Beerdigung von Sozialdemokraten und Gewerkschaftern. Einen absurden Höhepunkt erlebte der „Rotkoller“ der Herrschenden mit der „Frankfurter Friedhofsschlacht“, über die uns folgendes berichtet wird:[74] „Eine der schimpflichsten Provokationen, die planmäßig vorbereitet, bis zur Bestialität ausarteten, war die 1885 inszenierte Frankfurter Friedhofsaffäre. Am 22. Juli fand auf dem Frankfurter Friedhof die Beerdigung des Genossen Hugo Hiller, der sich um die Partei große Dienste erworben hatte, statt. Eine große Anzahl von Schutzleuten war aufgeboten. In dem Augenblick, als der Genosse (Josef) Leyendecker mit den Worten: ‚Die Schleife gebe ich dir mit als Zeichen der Freiheit, für die du gekämpft hast, die du nicht erringen konntest!‘, den Kranz der Mainzer Genossen niederlegte, forderte der Polizeikommissar Mayer in barschem Unteroffizierstone zum Fortgehen auf. Ohne der Kopf an Kopf gedrängten Mengen aber auch nur die allernötigste Zeit zum Auseinandergehen zu lassen, gab er den Befehl zum Einhauen. Sechzig Schutzleute stürzten sich auf die fliehenden Menschen. Weder Alter noch Geschlecht wurden berücksichtigt. Kinder schrien, Frauen jammerten, einzelne fielen in Ohnmacht, die Verwundeten stöhnten und fluchten, dazwischen ertönte das Geklirr der Säbel, mit denen unaufhaltsam losgeschlagen wurde. Ein achtjähriges Kind erhielt eine klaffende Schenkelwunde. Ein Greis wurde derartig geschlagen, daß er weinte, und als die daneben stehende Tochter ihrer Empörung Ausdruck verlieh, wurde sie ebenfalls geschlagen. Ausführlich befaßte sich die „Frankfurter Zeitung“ mit der Friedhofsaffäre:

---

74 *Schuster/Neuland, S. S. 30 f.*

Die Frankfurter Friedhofsschlacht 1885 (HKS)

„Sofort stürzten sich die Schutzleute, man sagt 50 bis 60, welche um die Leidtragenden einen geschlossenen Kreis bildeten, im Sturmschritt auf die Menge, Männer jeden Alters, Frauen und Kinder, und hieben mit ihren Säbeln ein. Dabei riefen die Schutzleute: ‚Nieder mit der Bande! Nieder mit der Schwefelbande!' Man kann sich leicht denken, welch ein schauriges Durcheinander und Geschrei, Gekreisch und Hilferufen entstand. Viele stürzten über die Gräber, aber auch auf die Liegenden wurde noch geschlagen. Jeder suchte aus dem Knäuel zu flüchten und den Säbeln der Schutzleute zu entrinnen. Alles rannte dem Ausgange zu. Aber auch am Portal standen Schutzmänner und hieben auf die verfolgten Fliehenden ein. Herr Friedrich Schupply, der selber zwei Schläge über die rechte Schulter erhielt, sah am Portal einen Mann unter den Hieben der rohen Schutzleuten zusammenstürzen; er blutete stark an der linken Kopfseite. Ein Kind wurde aufgehoben und fortgetragen. Ein zweiter Mann, der infolge der wuchtigen Hiebe zusammenbrach, schleppte sich bis in die Anlage, wo er in Krämpfe verfiel. Ein junges Mädchen, Verwandte des Hiller, fiel in der Nähe des Grabes nieder und erhielt einen Hieb von einem ihr nacheilenden Schutzmann. Ein junger Mann wurde verfolgt, stürzte in ein offenes Grab und erhielt hier seine Hiebe. Ein alter Familienvater wurde auf dem Friedhofe mit Hieben rein überschüttet, seine Tochter, die neben ihm stand, wurde mit Ohrfeigen traktiert, und sein Schwiegersohn mit dem Säbel geschlagen. Einer von denen, welche glücklich durch das Portal ins Freie gelangt waren, hörte, wie ein Rottenführer den berittenen Schutzleuten, die sich etwas entfernt in gedeckter Stellung hielten, kommandierte: ‚Hervor!‘, worauf die Rotte in vollem Galopp hervorsprengte und nun gleichfalls mit blanken Waffen in die fliehende Menge hieb. Einer der Berittenen spornte sein Pferd an, damit es unter die fliehende Menge springe, aber es bäumte sich, während der Reiter mit seinem Säbel gegen die Menschen hantierte. Auch darin stimmten alle Berichte überein, daß von keiner Seite auch nur der geringste Widerstand versucht worden, daß sich Wehrlose den von allen Seiten herabsausenden Hieben durch die Flucht zu entziehen suchten. Darum sind die vielfachen Verletzungen meistens auch nicht bedeutend. Nur der Schuhmacher Albert Farnung dürfte arbeitsunfähig sein. Nach dem ärztlichen Zeugnis rührte seine Verletzung unter dem linken Knie von einem Hiebe her, welcher mit großer Kraft mit einem nicht geschliffenen Säbel oder Seitengewehr geführt worden ist, aber nicht mit flacher Klinge.“

Unter dem unmittelbaren Eindruck der Friedhofsschlägerei dichtete Friedrich Stoltze:

Rot

Außer Kollerhahn und Stier,
Gibts noch Menschen und Getier,
So ein Vorurteil gefaßt
Und die rote Fahne haßt.

Solche Vorurteile hat
Selbst die heilge Hermandad,[75]
 Wenn sie rote Fahnen sieht,
Aber doch mit Unterschied.

Ist das Rote ein Husar,
Oder ist es Purpur gar,
Schwindet plötzlich aller Groll,
Und sie wird sehr ehrfurchtsvoll.

---

75   „Hermandad“ = königliche Polizei (in Spanien)

Aber sie wird desperat,
Ists ein roter Demokrat,
Denn da denkt sie gleich an Blut,
Und gerät in große Wut.

Blut ist rot, zwar nicht genau,
Denn das bessere ist blau;
Doch der Demokrat ist rot,
Das bedeutet blutgen Tod.

Selbst das kleinste rote Band,
Es bedeutet Mord und Brand,
Und auch dann noch, wohl erwägt,
wenn mans auf den Kirchhof trägt.

Denn es ist Gefahr dabei!
Und in Angst die Polizei,
Statt zu denken einfach bloß:
Einen sind wir wieder los!

Wirft man ihm ins kühle Grab
Eine rote Schleif hinab,
Muß sie gleich heraus im Nu,
sonst deckt sie die Erde zu.

Rot färbt selbst den Himmel rot,
Reizt das Volk zu Blut und Tod,
Ist es auch in Dorf und Stadt
Froh, daß es das Leben hat.

Unser Volk ist überhaupt
Gar so rot nicht, als man glaubt,
Und man kann den Deutschen traun,
Denn sie sind gut bismarckbraun.

Die Anfänge der Gastronomie-Organisation in Frankfurt

Über die Ursprünge des gastronomischen Teils unserer Organisation im Bereich der Verwaltungsstelle Frankfurt haben wir nur wenige Unterlagen. Aber es steht wohl fest, daß die Frankfurter in diesem Bereich nicht zu den Vorreitern gehörten. Als im Jahre 1898 der Verband Deutscher Gastwirtsgehilfen gegründet wurde, war daran zwar eine Mitgliedschaft aus Wiesbaden beteiligt, nicht jedoch aus Frankfurt. Im März 1902 wurde die Frankfurter Verwaltungsstelle des Gastwirtsgehilfen-Verbandes gegründet.[76] In Offenbach schlossen sich 1905 zwei gastronomische Lokalvereine dem Verband an.[77] Aus dem Jahre 1912 ist überliefert, daß der Gastwirtsgehilfen-Verband in Frankfurt eine Lohnbewegung durchgeführt hat, über deren Ablauf und Erfolg liegen uns jedoch ebenfalls keine Unterlagen vor.

Wenn sich die Organisationsbestrebungen in der Gastronomie so viel später als in der Industrie und dem Handwerk geregt haben, so lag das mit Sicherheit nicht daran, daß die Arbeitsbedingungen in der Gastronomie besser gewesen wären. Vielmehr war es schon damals so, daß die gastronomischen Arbeitsbedingungen weit unter dem Durchschnitt lagen.

In großen Bereichen der Gastronomie wurden damals überhaupt keine Löhne gezahlt. Die Kellner lebten vom Trinkgeld und mußten davon oft ihren Arbeitgebern noch etwas abgeben. Über die Arbeitsbedingungen der Kellner in den „Wiener Cafés" berichtet uns Poetzsch:[78]

„Mit dem ‚Wiener Café' - es gab in Deutschland bald keine Groß- und Mittelstadt mehr, die nicht eines oder mehrere davon besaßen - kamen die Wiener Kellner in großer Zahl zu uns. Und damit wurde auch das Wiener Zahlkellnersystem nach Deutschland verpflanzt.

Die Herren Prinzipale hatten es sich durch das Zahlkellnersystem sehr bequem gemacht, an den Verdiensten ihrer Angestellten zu partizipieren. Eine solche Zahlkellnerstelle war erstens nicht unter 100 Mk. zu haben, manche Stellenvermittler verlangten 150 Mk., auch 200 Mk. Gehalt bekam der Zahlkellner nicht. Was aber zahlte er dem Prinzipal? Bei Antritt seiner Tätigkeit, noch ehe er einen Pfennig Trinkgeld eingenommen, wurde ihm für jeden „Zuträger", deren er in der Regel zwei oder drei hatte, 1 Mk. „angeschrieben". Ein famoses System dieses Anschreibesystem. Eine Kassiererin, vielfach die Verwandte oder die „Vertraute" des Herrn Prinzipals, saß auf hohem Piedestal hinter dem Büfett, schrieb einfach alles dem Zahlkellner aus, was vom Büfett an Getränken, Speisen usw. geholt wurde. Der

---

76   *Poetzsch I, S. 229*

77   *Ebd., S. 246*

78   *Ebd., S. 261*

Zahlkellner hatte hierüber keinerlei Kontrolle, er mußte es des Abends bezahlen, was man ihm „angeschrieben" hatte.

Der Zahlkellner hatte dann ferner an seine Zugträger je 1 Mk. direkt als Kostgeld zu entrichten, und um sich gegenüber seinen Gehilfen erkenntlich zu zeigen, zahlte er ihnen in der Regel noch weitere 50 Pf. oder 1 Mk. je Tag. Somit war der Unterhalt der Hilfskellner (Zuträger) gänzlich auf den Zahlkellner abgewälzt. Aber der Herr Prinzipal wollte selbst auch noch etwas haben, und so mußten die Zahlkellner des Abends beim Abrechnen 2, 3, bis 4 Proz. des Umsatzes zuzahlen. In einem bekannten Café in der Leipziger Straße in Berlin - Inhaber war Herr Keck, der in salbungsvollen Reden gegen die ‚sozialdemokratische Richtung in der Kellnerschaft wetterte – hatte jeder der beiden dort beschäftigten Zahlkellner eine tägliche Auslage von etwa 24 Mk. Diese Summe mußte erst verdient werden, ehe er selbst etwas in seine Tasche stecken konnte."

Nicht besser ging es den Kollegen in der rollenden Gastronomie, den Speisewagen. Poetzsch berichtete uns über die Dienstvorschriften der Internationalen Eisenbahn-Schlafwagen-Gesellschaft, die sich heute Internationale Schlafwagen- und Touristik-Gesellschaft nennt und ihre Direktion in der Frankfurter Arndtstraße hat:[79]

„Ehe ein ‚Speisewagendiener' angestellt wurde, mußte er den Nachweis einer makellosen Vergangenheit erbringen. Er mußte glatt rasiert sein, das Tragen eines Umlegekragens war verboten. Den Befehlen des Vorgesetzten hatte er unweigerlich Folge zu leisten. Heftige Aeußerungen eines Reisenden oder auch ungerechtfertigter Tadel durfte ihn nicht zu Gegenäußerungen hinreißen. Geldstrafen bis zu 1,20 Mk. waren für die kleinsten Vergehen vorgesehen. Als Sicherheit mußte der Angestellte 240 Mk. hinterlegen. Gehalt zahlte die Gesellschaft nicht, es gab nur 5 Proz. auf die verkauften Liköre. (!) Für Bruch mußten 10 Mk. monatlich an die Firma gezahlt werden. Vorgeschrieben waren zwei Anzüge im Jahr auf Kosten des Angestellten. Wurde ein Gehilfe gebraucht, so mußte der Schlafwagenkellner diesen bezahlen und auch einkleiden. Schließlich hatte der Angestellte noch für Seife und Klosettpapier zu sorgen."

Der Kampf um die Arbeitsvermittlung

Die Arbeitsvermittlung ist heute (1984) das Monopol der Bundesanstalt für Arbeit. In der letzten Zeit mehren sich jedoch die Stimmen aus dem Unternehmerlager und nicht zuletzt aus dem Bereich von CDU/CSU und FDP, die private Stellenvermittlung wieder zuzulassen. Manch einem Kollegen erscheint dies als ein belangloser Nebenkriegsschauplatz. Die

---

79 *Poetzsch I, S. 163*

Brisanz der Frage wird jedoch deutlich, wenn man sich vor Augen führt, mit welch einer Erbitterung in der Vergangenheit zwischen Gewerkschaften und Arbeitgebern um das Arbeitsnachweiswesen gekämpft worden ist.

Plakat zum 1. Mai (HKS)

Einen plastischen Eindruck von den Missständen des privaten Stellenvermittlungswesens gibt uns der Bericht von Backert über den Kampf um den Arbeitsnachweis für die Brauereiarbeiter in Frankfurt.[80]
„In Frankfurt a.M. wurden im Jahre 1893 die ersten Versuche zur Schaffung eines Arbeitsnachweises unternommen. Der im Jahre 1892 stattgefundene Brauerstreik wurde von den Brauereien dazu benützt, um die Ver-

---

80 *Backert, S. 515ff.*

bändler von den Betrieben fernzuhalten. Die schwarzen Listen wurden sogar von den Inhabern der Brauerherbergen gehandhabt. In einem zu Neujahr 1893 vom Herbergswirt Böhm an die Brauereien von Frankfurt und Umgegend gerichteten Schreiben hieß es zum Schluss:

„… Darauf hinzukommen auf den Frankfurter Brauerstreik, gebe ich bekannt, daß ich keine solche Burschen halte, die an dem Streik beteiligt waren, und sich solche bei mir auch nicht aufhalten. Ich habe nur solche, die sich am Streik nicht beteiligt haben. Ich werde stets bemüht sein, den Braumeistern und -besitzern nur solche tüchtigen Burschen zu schicken.
Mit Achtung J. Böhm.“

Infolge solcher unhaltbar gewordener Zustände, wodurch ein recht starker Arbeiterwechsel bedingt war, reichte die Zahlstelle 1893 folgenden Entwurf bei den Frankfurter Brauereien ein:

„Arbeitsnachweis-Reglement des Zentralverbandes deutscher Brauer und verwandter Berufsgenossen von Frankfurt a.M. und Umgegend

§ 1. Der Arbeitsnachweis bezweckt die kostenlose Arbeitsvermittlung zwischen den Leitern resp. Inhabern der Brauereien und Mälzereien von Frankfurt a.M. und Umgegend und von allen beschäftigungslosen, in der Brauerei beschäftigt gewesenen Arbeitern.

§ 2. Vorstehende Vermittlung geschieht durch einen von der Generalversammlung des genannten Vereins zu erwählenden Geschäftsführer.

§ 3. Zur Durchführung und Ueberwachung des Arbeitsnachweises wird eine Kommission von sechs Mitgliedern gebildet, welche zur Hälfte aus Arbeitgebern und zur Hälfte aus Arbeitnehmern besteht. Für dieselben müssen Ersatzmänner gewählt werden. Die Arbeitnehmer müssen obengenanntem Verein angehören. Die Wahl der Mitglieder findet alljährlich statt. Die Kommission wählt alljährlich in der ersten Sitzung aus der Zahl der Arbeitgeber einen Vorsitzenden und aus der Zahl der Arbeitnehmer einen stellvertretenden Vorsitzenden. Bei Stimmengleichheit entscheidet die Stimme des Vorsitzenden bzw. des Stellvertreters.

§ 4. Die Bureauzeit ist von morgens 8-10, mittags 12 - 2, abends 6.

§ 5. Die Benutzung des vorgenannten Arbeitsnachweises ist allen anwesenden sowie zugereisten in der Brauerei beschäftigt gewesenen Arbeitern gestattet, wenn sie in einer hiesigen Brauerei Arbeit erhalten wollen, andernfalls der betreffenden Arbeitsuchende nicht in Arbeit genommen werden darf.

§ 6. Zuwiderhandelnde Arbeitgeber werden mit 20 Mk. bestraft, welche an die Kasse des Arbeitsnachweises zu entrichten sind.

§ 7. Jeder Brauereiarbeiter, der sich in den Arbeitsnachweis hat einschreiben lassen, darf Frankfurt a.M. nicht auf längere Zeit verlassen. Um dies zu kontrollieren, hat sich jeder eingeschriebene Brauereiarbeiter wöchentlich einmal auf dem Bureau des Arbeitsnachweises zu melden.

§ 8. Der Geschäftsführer hat sowohl die Arbeitsuchenden wie die Arbeitgeber in je ein besonderes Journal einzutragen, und zwar der Reihe nach, unter Angabe des Datums der Meldung und hat dafür Sorge zu tragen, daß baldmöglichst schnell dem Arbeitgeber die verlangten Arbeiter der Reihenfolge nach zugewiesen werden. Andererseits sind die betreffenden Arbeitsuchenden schnellstens von einer Stellenvakanz in Kenntnis zu setzen.

§ 9. Jeder Arbeitsuchende erhält von dem Geschäftsführer des Arbeitsnachweises zur Kontrolle desselben eine Bescheinigung, welche mit dem Stempel des Arbeitsnachweises versehen sein muß. Diese Bescheinigung hat der Arbeitsuchende dem Prinzipal oder Stellvertreter, der ihn in Arbeit nimmt, vorzuzeigen, andernfalls er nicht in Arbeit genommen werden darf. Ist der betreffende Arbeitsuchende in Arbeit gestellt, so hat er die ausgestellte Bescheinigung innerhalb sechs Stunden an den Geschäftsführer des Arbeitsnachweises wieder abzugeben.

§ 10. Wird der Arbeitsuchende aus triftigen Gründen nicht in Arbeit gestellt, so hat der betreffende Arbeitgeber zur Beglaubigung den Schein des Arbeitsnachweises zu unterzeichnen. Verweigert der Arbeitsuchende die Bedingungen oder meldet sich innerhalb zwölf Stunden nicht bei dem ihm zugewiesenen Arbeitgeber, so wird derselbe hinten angesetzt. Arbeitgeber, die aus zweifelhaften Gründen die ihnen zugewiesenen Arbeiter abweisen, erhalten erst dann wieder Arbeiter zugeschickt, wenn die Gründe von der Kommission untersucht und als zulässig erkannt sind. In außergewöhnlichen Fällen und Beschwerden hat der Geschäftsführer des Arbeitsnachweises sofort die Kommission in Kenntnis zu setzen.

§ 11. Verheiratete Brauereiarbeiter haben ferner das Recht, wegen zu großer Entfernung Ihrer Wohnung von derjenigen Brauerei, welcher sie überweisen worden sind, zweimal hintereinander die Stelle abzulehnen, ohne ihr Vorrecht im Arbeitsnachweis zu verlieren.

§ 12. Die Brauereien, welche den Arbeitsnachweis anerkennen, haben dies schriftlich zu erklären und sind zur Innehaltung der in dieser Satzungen enthaltenen Bestimmungen verpflichtet.

§ 13. Alle beschäftigten Brauereiarbeiter haben zur Deckung der Unkosten monatlich 10 Pf. zu zahlen, welcher Betrag von den Arbeitgebern bei der Löhnung einzubehalten und demnächst an den Arbeitsnachweis abzuführen ist. Soweit hierdurch entstandene Kosten nicht gedeckt werden, werden dieselben von den zum Arbeitsnachweis gehörenden Brauereien im Verhältnis zur Zahl der von ihnen im Winter durchschnittlich beschäftigten Arbeiter bestritten.

§ 14. Etwaige Beschwerden sind schriftlich mit der Bemerkung: „Beschwerde" an die Kontrollkommission des Arbeitsnachweises zu richten und ist hierfür ein Briefkasten angebracht."

Die Unternehmer lehnten ohne viel Verhandeln darüber den Entwurf ab. Im folgenden Frühjahr wurde die Weiterbeschäftigung der Mälzer beantragt, um die während der Malzkampagne betriebene Agitation nicht völ-

Titel der „Frankfurter „Volksstimme" (HKS)

lig umsonst geleistet zu haben. Dieser Vorschlag war umso berechtigter, da doch bald nach Mälzereischluß an Stelle der entlassenen Mälzer wieder andere Arbeiter eingestellt werden mussten.

Das an die Brauereien gerichtete Schreiben lautete:

„In Erwägung der immer mehr um sich greifenden Konzentration der Brauereien und der damit verbundenen Mälzereien erscheint es dem ‚Zentralverband deutscher Brauer und verwandter Berufsgenossen, Zweigverein Frankfurt am Main', als

nicht ausgeschlossen, daß nach Ablauf der diesjährigen Malzperiode von Seiten der Prinzipale bzw. Direktionen Ablegungen respektive Ausstellungen vorgenommen werden; und in weiterer Erwägung, um eventuellen Unregelmäßigkeiten bei einer derartigen Ablegung vorzubeugen, ersuchen wir die Leiter der Brauereien folgende Berücksichtigungen walten zu lassen:

a) Sämtliche ledigen Brauer eines Etablissements sowie Hilfsarbeiter, soweit letztere Arbeiten, welche in das Braufach einschlagen, verrichten, sind in vier Gruppen einzuteilen, von welcher je die eine abwechselungsweise von Woche zu Woche abzulegen ist;

b) die Verheirateten sowie die der letzten vier Wochen Eingestellten bleiben von obiger Ablegung entbunden;

c) sollte nach Ablauf der ersten vier Wochen eine nochmalige Ablegung vorgenommen werden, sind auch die verheirateten Brauer sowie die erwähnten Hilfsarbeiter, endlich die zuletzt Eingestellten hineinzuziehen; gleichmäßig einzurangieren und sechs Gruppen zu bilden;

d) zu berücksichtigen sind diejenigen Kollegen, welche zu militärischen Uebungen eingezogen werden, in der Weise, daß ihre Ablegung in der Zeit der Uebung eingeschlossen wird. Während dieser Zeit dürfen keine Neueinstellungen vorgenommen werden;

e) gleichzeitig soll es denjenigen Kollegen anheimgestellt werden, falls es ihre Mittel erlauben, für Unbemittelte in die Ablegung zu treten, ohne daß ersteren dadurch in ihrer späteren Fortarbeit ein Hindernis geschaffen wird.

Die Kommission:

Hans Ragerl, Alois Resch, Martin Stökkl, Kilian Hohmann, August Klessel, Karl Eickworth, Vors.“

Teilweise wurde diesem Verlangen stattgegeben. Solche Gesuche wurden auch in den folgenden Jahren an die Brauereien gerichtet und in dem von 1896 ganz besonders auf die damals starke Arbeitslosigkeit verwiesen. Die Arbeiter in solchen Fragen mitbestimmen zu lassen, ließen die Brauereien nicht zu, was folgendes Schreiben besagt:

„Rechtsanwalt Roth

Schulstraße 12 p

Sachsenhausen. Frankfurt a.M., den 13. Mai 1896

Herrn H. Thierer Dahier!

Berechtigt, Ihr an die Verbandsbrauereien gerichtetes Schreiben vom 6. cr. zu beantworten, teile ich Ihnen mit, daß mit Rücksicht auf die tatsächlich z.Zt. bestehende Arbeitslosigkeit meine Auftraggeber bestrebt sein werden, beim Ausstellen der Mälzerei möglichst wenig Arbeiter auszustellen und daß dieselben genau wie im Vorjahr vorübergehend überschießende Arbeitskräfte durch Gewährung von Urlaub in Stellung erhalten werden.

Indessen betone ich auftragsgemäß ausdrücklich, daß nicht alle Brauereien in der Lage sind, um Ausstellungen gänzlich herumzukommen, daß die Verhältnisse in den einzelnen Betrieben verschieden liegen. Bei allen Betrieben ist das Verhältnis der Zahl der beschäftigten Mälzer zu den übrigen Brauereiarbeitern ausschlaggebend. Sind beispielsweise Mälzer in bedeutender Zahl in einer Brauerei vorhanden, so wird eine solche Brauerei nicht in der Lage sein, von Ausstellungen Abstand zu nehmen, ebensowenig wie die kleineren Brauereien, die vier bis sechs Arbeiter beschäftigten, unmöglich sechs Monate lang Arbeiter behalten können, für die sie absolut keine Verwendung haben.

Also ich resümiere mich dahin: Ihre Wünsche begegnen sich mit denen der Verbandsbrauereien, letztere werden so viel als möglich diesem Wunsche zu entsprechen suchen, ohne jedoch im geringsten anzuerkennen, daß das allein den Arbeitgebern zustehende Recht über das Ausstellen und Einstellen von Arbeitern irgendwie geschmälert werde.

Hochachtungsvoll!

Roth, Rechtsanwalt."

Die Arbeitsnachweisfrage wurde aber auch unter den Frankfurter Kollegen nach wie vor eifrig diskutiert. Durch den Streik 1899 wurde die Organisation auf mehrere Jahre zurückgeworfen und konnte während dieser Zeit an die Errichtung eines Arbeitsnachweises nicht gedacht werden. 1902 wurde versucht, die Frankfurter Brauereien zur Anerkennung des städtischen Arbeitsnachweises zu veranlassen. Ueber die Gründe dieses Versuches sollen die Antragsteller bzw. ihr Schreiben selbst das Wort erhalten, unbekümmert darum, daß das an die städtische Arbeitsvermittlungsstelle gerichtete Schreiben mehr einen vertraulichen Charakter trug.

„Frankfurt a.M., den 20. Juni 1902

An die städtische Arbeitsvermittlungsstelle,

Hier,

Unterzeichnete Vereinigung ersucht hochl. Gesellschaft bei dem Verbande der Brauereien von Frankfurt a.M. und Umgegend dahin zu wirken, daß dieselben ihr sämtliches Arbeitspersonal durch die städtische Arbeitsvermittlungsstelle beziehen. Gründe hierzu sind folgende: Diejenigen Personen, welche bis jetzt die Vermittelung des Personals in den hiesigen Brauereien vorgenommen haben, Herr J. Böhm und Gg. Wüstinger, sind noch im Besitze von Herbergen. Die Betten dieser Herbergen sind im Durchschnitt sehr schlecht, nur selten frei von Ungeziefer, der Preis des Schlafens, welcher mit 50 Pf. berechnet wird, ist in Anbetracht der schlechten Betten und der oft langen Arbeitslosigkeit der Stellensuchenden ein sehr hoher. Die Fremden sind gezwungen, in der Herberge zu verkehren und wird darauf gesehen, daß dieselben ihr Geld möglichst dort verzehren. Bei Herrn Böhm ist öfters vorgekommen, daß er Fremde, bei welchen ein größerer Geldbetrag vermutet wurde, solange auf eine bessere Stellung vertröstet hat, bis ihre Barschaft zur Neige ging und dann gezwungen waren, jede zu besetzende Stelle anzunehmen. Fremde, welchen ihre Barmittel alle geworden sind, vermittelt Herr Böhm meistenteils nach auswärts (Butzbach, Groß-Umstadt, Michelstadt usw.), wird dann hier am Ort eine Stelle frei, so holt er auswärts beschäftigte Brauer, meistens telegraphisch zur Besetzung der hier vakanten Stelle. Diese Maßnahmen trifft er hauptsächlich, wenn die Betreffenden Schulden bei ihm haben, und er so leichter zu seinem Gelde kommt. Die Fremden beider Herbergen sind verpflichtet, bei Eintritt in eine Stellung zehn Liter Bier zu bezahlen, ohne Unterschied der Stellung, welche sie bekommen.

Es gibt noch eine Vermittlung, welche den Brauereien viel Aerger und Verdruß verschafft. Es gibt Brauereiarbeiter, welche sich bei einem Gastwirt einlogieren, dort auch meistenteils ihre Barschaft verzehren und dann von demselben verlangen, auf diejenige Brauerei in Stellung gebracht zu werden, welche dem Wirte das Bier liefert. Es gibt nun eine beträchtliche Anzahl, welche dieses Experiment machen, und da der Bierabsatz der Wirte ein sehr verschiedener ist, so kommt es vor, daß die Brauerei den Wirt berücksichtigt, welcher das meiste Bier verbraucht, wiewohl er am letzten die Anforderung der Einstellung des Fremden vorgebracht hat. Es kommt da zwischen den Brauereien und den Gastwirten zu Differenzen (vorgekommen ist, daß ein Wirt dieserhalb das Bier abbestellt hat), und wir glaubten annehmen zu können, daß die Brauereien diesem unleidlichen Zustand enthoben wären, wenn die Vermittlung durch die städtische Arbeitsvermittlungsstelle geschehen würde.

Da wir nun in der Zeit der paritätischen Arbeitsnachweise stehen und die Arbeitgeber und Arbeitnehmer nur die Interessenten bei dieser Abhandlung sind, wäre es wohl nicht schwer den Verbandsbrauereien klarzumachen, wie schädlich einwirkend die gewerbsmäßige Stellenvermittelung ist, denn diesen Personen kann es nur angenehm sein, wenn öfters gewechselt wird; welches auf die Prosperität der Betriebe schädlich wirkt, denn es kann den Betriebsinhabern nur angenehm sein, gutgeschultes und mit den verschiedenen Betrieben vertrautes Personal zu haben.

Selbstverständlich nehmen wir an, daß dieses Schriftstück als ein vertrauliches zu behandeln ist, welches Ihnen bei ihren Anbahnungen nur als Beweismaterial dienen soll. In Erwartung, daß Sie unserem Antrag stattgeben, wüschen wir zu dieser segensreichen Arbeit den besten Erfolg.

Achtungsvoll!
Zentralverband deutscher Brauereiarbeiter,
Zweigverein Frankfurt a.M."

Der Versuch scheiterte. Die Unternehmer hatten allerlei Entschuldigungsgründe vorzubringen, um sich angesetzten Verhandlungen zu entziehen. Als es dennoch zu solchen kam, lehnten die Unternehmer den Anschluß an den städtischen Arbeitsnachweis ab. 1904 war die Organisation dabei um bei der damaligen Lohnbewegung die Errichtung eines

Facharbeitsnachweises erneut zu fordern. Die Bewegung endete 1905 neben dem Abschluß eines Tarifvertrages auch mit der Errichtung eines paritätischen Arbeitsnachweises. Das Statut lehnt sich sinngemäß dem von Berlin an."

Die Organisation im 1. Weltkrieg und in der Weimarer Republik

Für die Zeit des 1. Weltkrieges und der Weimarer Republik liegen uns über die Aktivitäten der Nahrungsmittel-, Genussmittel- und Gastronomiearbeiterbewegung im Frankfurter Bereich nur spärliche Informationen

Am 9. November 1918 dankt der Kaiser ab. (HKS)

vor. Der 1. Weltkrieg bedeutete für alle Gewerkschaften einen tiefen Einschnitt. So waren Ende 1915 fast die Hälfte der Mitglieder des Brauerei- und Mühlenarbeiterverbandes zum Militär eingezogen. Den Bäckereien bescherte der 1. Weltkrieg das Nachtbackverbot, das jedoch nicht als sozialpolitische Maßnahme sondern zur Einsparung von Weizenmehl erlassen worden war. Die Kriegswirtschaftsbehörden erhofften sich eine Verringerung des Backwarenverbrauchs, wenn die Produkte nicht mehr frisch geliefert würden. Während des 1. Weltkrieges schlossen die Gewerkschaften mit den Arbeitgebern und den Behörden einen „Burgfrieden". Offizielle Arbeitskämpfe kamen in dieser Zeit so gut wie gar nicht vor. Das änderte sich jedoch sehr schnell mit dem Kriegsende.

Die Novemberrevolution von 1918 und ihre Auswirkungen brachten viele Arbeiterkreise mit der Organisation in Verbindung, die ihr bisher fern gestanden hatten. Die Mitgliederzahlen gingen steil nach oben. In immer mehr Branchen und Bereichen gelang es, Tarifverträge abzuschließen. Über die Entwicklung der Ausgaben für Arbeitskämpfe liegt uns eine Übersicht des 1927 durch Fusion gebildeten „Verbandes der Nahrungsmittel- und Getränkearbeiter" vor. In einem „Merkblatt für Funktionäre heißt es:

Haben die freien Gewerkschaften ihren Kampfcharakter verloren?

Ausgaben der freien Gewerkschaften für Kämpfe in den letzten fünf Vorkriegsjahren und den ersten fünf Jahren nach Stabilisierung der Währung.

Ausgaben für Streiks und Aussperrungen:

1910:	19 068 972 Mk.		1924:	14 707 164 RM.
1911:	16 730 009 Mk.		1925:	25 961 519 RM.
1912:	12 049 086 Mk.		1926:	3 504 285 RM.
1913:	16 080 970 Mk.		1927:	8 900 209 RM.
1914:	5 219 655 Mk.		1928:	28 899 455 RM.
Insges.	69 148 712 Mk.		Insges.	81 972 632 RM.

Es ist falsch, den Kampfcharakter der Gewerkschaften lediglich danach zu beurteilen, wieviel Mittel ausschließlich für Streiks und Aussperrungen ausgegeben werden. Aber selbst wenn man diese Zahlen zur Beurteilung zugrunde legt, muß zugegeben werden, daß auch heute noch erhebliche Mittel für Kampfzwecke aufgewendet werden.

Die Streikauseinandersetzungen wurden in der Weimarer Zeit z.T. mit außerordentlicher Härte geführt. So streikten im Jahre 1925 in Frankfurt die Böttcher 38 Tage lang.[81]

---

81 *Helfenberg II, S. 430*

Der letzte Rechenschaftsbericht vor der Zerschlagung der Gewerkschaften durch die Nazis[82]

Am Sonntag, dem 12. Februar 1933 führte die Frankfurter Ortsgruppe des Verbandes der Nahrungsmittel- und Getränkearbeiter ihre letzte Generalversammlung vor der Zerschlagung durch die Nazis durch. Der Rechenschaftsbericht für diese Generalversammlung vermittelt uns einen Eindruck davon, wie die Kraft der Organisation durch die Massenarbeitslosigkeit und deren Folgeerscheinungen geschwächt war. Auf der anderen Seite zeigt er uns aber auch, daß selbst unter diesen drückenden Bedingungen Kampfbereitschaft noch möglich war und konkrete Erfolge gebracht hat. In diesem Rechenschaftsbericht heißt es:

„Werte Mitglieder!

Das Jahr 1932 mit seiner Massenarbeitslosigkeit - zirka sieben Millionen Arbeiter und Arbeiterinnen - und seiner politischen Verwirrung hat sein Ende gefunden. Es hat an die Gewerkschaften ungeheure Anforderungen gestellt, und war für dieselben eine Belastungsprobe von allergrößtem Ausmaß. Die allgemeine große Arbeitslosigkeit in allen Berufen, als Folgeerscheinung der Weltkrise, und die damit verbundene verminderte Kaufkraft, hat ihre unheilvolle Wirkung auch auf die Nahrungsmittel- und Getränkeberufe nicht verfehlt. Überall ein erheblicher Verbrauchsrückgang, der naturgemäß zu starken Arbeiterentlassungen geführt hat.

Reaktionäre Arbeitgeber, politische Gegner und andere Maulhelden versuchten die gegenwärtige Situation für sich auszunutzen, um systematisch das Vertrauen der Arbeiterschaft zu den Gewerkschaften zu zerstören. Daß dieses Genannten nicht gelungen ist, beweist der Stand der Organisation. Auch das Jahr 1933 muß die Arbeiterschaft auf dem Posten finden. Zum Kampf gegen die Not gehört in erster Linie Kampf um die Einigkeit zu einer geschlossenen Organisation, dann wird an dem eisernen Willen der Arbeiterschaft jeder reaktionäre Anschlag zerschellen.

Die immer größer werdende Arbeitslosigkeit und weiter um sich greifende Kurzarbeit wirkte sich auf die Brauindustrie geradezu verheerend aus. Hierzu kam noch, daß infolge der guten Obsternte (Herbst 1931) der Äpfelwein wesentlich billiger wie das Bier war, und deshalb an Stelle des Bieres Äpfelwein getrunken wurde.

Obwohl die Brauereiarbeiter weitgehende Solidarität gegen ihre Mitarbeiter übten und mit wesentlich verkürzter Arbeitszeit (36 bis 32 Stunden) arbeiteten, war es nicht zu vermeiden, daß zu Anfang des Jahre zirka 120 Brauereiarbeiter entlassen wurden.

---

82 *VNG-Bericht 1932*

SPD-Plakat, Reichstagswahl 1932 (HKS)

Im März 1932 wurde die Reichs- und die Gemeindebiersteuer insgesamt um zirka 7,-- RM pro Hektoliter ermäßigt und demzufolge wurden auch die Verkaufspreise herabgesetzt; eine Belebung des Bierkonsums konnte nicht festgestellt werden, da die Kaufkraft des biertrinkenden Publikums fehlt.

Im Oktober 1932 kündigten die Brauereien den Manteltarifvertrag und unterbreiteten uns einen Entwurf, der wohl in 25 Positionen Verschlechterungen aufwies. Vier mehrstündige Verhandlungen fanden in dieser Angelegenheit statt und wurde ein neuer Mantel- und Lohntarif zum Abschluß gebracht, der nicht die volle Befriedigung der Belegschaften gefunden hat. In verschiedenen Positionen des Manteltarifvertrages mußten infolge der Verhältnisse Abstriche mit in den Kauf genommen werden. Diese Scharte werden die Brauereiarbeiter bei aufsteigender Konjunktur wieder auszugleichen verstehen.

Die Lohnfestsetzung ist wie folgt geregelt: Der Wochenlohn beträgt in Lohnklasse I bei 48stündiger Arbeitszeit 48,-- RM. = 1.-- RM pro Stunde, bei 40 Stunden 40.-- RM = 1.-- RM pro Stunde. Beträgt die Arbeitszeit weniger als 40 Stunden ist der Stundenlohn = 1.08 RM.- Hilfsarbeiter, die zur Zeit im Betriebe beschäftigt sind, erhalten 5 Prozent weniger; neueingestellte Hilfsarbeiter erhalten 90 Prozent des Spitzenlohnes.

Auch in den übrigen Brauereien des Bezirks fanden erhebliche Entlassungen statt, da auch der Konsumrückgang im gleichen Verhältnis wie in Frankfurt a.M. zu verzeichnen war.

Wie bereits erwähnt, war der Geschäftsgang in den Äpfelweinkeltereien den Verhältnissen entsprechend ein guter. Da aber in der Gesamtindustrie im Laufe des Jahres seitens der Arbeitgeber Lohnabbau gefordert wurde, durften auch die Äpfelweinkeltereien nicht fehlen.

Mantel- und Lohntarif wurde gekündigt. Ersterer ist am 31. Dezember 1932 abgelaufen. Verhandlungen haben noch nicht stattgefunden. Laut Schiedsspruch wurde nach längerer Verhandlung nachstehender Lohn festgelegt. Mit Wirkung vom 19. November 1932 ab betragen die Löhne *für Arbeitnehmer in den Äpfelweinkeltereien:*

in der Lohngruppe I (gelernte Arbeiter)	RM.	*44.--*
in der Lohngruppe II (Fahrer und Hilfsarbeiter)	RM.	*42.--*
in der Lohngruppe III (Frauen)	RM.	*31.--*

Dieses Lohnabkommen gilt bis zum 31. März 1933 und kann erstmals zu diesem Termin mit zweiwöchentlicher Frist gekündigt werden.

Für die Vilbeler Wasserindustrie kündigte der Arbeitgeberverband den Manteltarifvertrag. Nachdem eine Einigung nicht zustande kam, waren

Von den Nazis besetztes Gewerkschaftshaus (HKS)

wir gezwungen, den Schlichtungsausschuß anzurufen. Nach längerer Verhandlung wurde den Parteien aufgegeben, nochmals in Verhandlung einzutreten. Mit kleinen Abänderungen wurde der bisherige Manteltarifvertrag verlängert. Die tariflichen Löhne betragen:

Gelernte Arbeiter; Kraftfahrer und Fahrburschen
mit Inkasso   *39.10 RM. pro Wo.*
Fahrburschen–Mitfahrer und Hilfsarbeiter   *33,25 RM. pro Wo.*
weibliche Arbeitnehmer   *--,37 RM. pro Std.*

Das Organisationsverhältnis lässt sehr viel zu wünschen übrig und wird es in Zukunft an der Belegschaft liegen, darnach zu trachten, die Verhältnisse durch geschlossene Organisation weiter auszubauen.

Für die Faßfabrik Wellhöfer (I.G. Farben) kündigte uns der Arbeitgeber-Verband der Chemie das bestehende Lohnabkommen. Als wir hierauf nicht sofort reagierten, wurde den Arbeitern das Arbeitsverhältnis gekündigt mit der Maßgabe: wer mit einem zehn- bis zwanzigprozentigen Lohnabbau einverstanden sei, könne nach Ablauf der Kündigungsfrist weiter arbeiten. Nach mehreren Verhandlungen wurde zunächst die ausgesprochene Kündigung wieder zurückgenommen und hierauf nachstehende Lösung vereinbart:

Mit Wirkung ab 18. November 1932:

Lohnklasse I: Küfer, Handwerker, Maschinisten, geprüfte Heizer über 22 Jahre
--,94 RM. p. Std.

Lohnklasse II: Maschinenarbeiter über 22 Jahre
--,90 RM. p. Std.

Lohnklasse III: Hilfs-, Hof- und Lagerplatz-Arbeiter über 22 Jahre
--,86 RM. p. Std.

Mit Wirkung ab 1. Februar 1933 werden die Lohnsätze wie folgt festgesetzt:

Lohnklasse I: Küfer, Handwerker, Maschinisten, geprüfte Heizer über 22 Jahre
--,90 RM. p. Std

Lohnklasse II: Maschinisten über 22 Jahre
--,86 RM. p. Std.

Lohnklasse III: Hilfs-, Hof- und Lagerplatz-Arbeiter über 22 Jahre
--,81 RM. p. Std.

Die Firma Brot- und Keksfabrik Osthafen, die aus dem Brotfabrikanten-Verband ausgetreten ist, bezahlt laut Tarifvertrag 1.- RM mehr wie die anderen Brotfabriken. Diese Mark wollte Firma beseitigen, und da dies die Belegschaft nicht so ohne weiteres zuließ, kündigte die Firma allen Beschäftigten das Arbeitsverhältnis. In der hierauf stattgefundenen Versammlung beschloß die Belegschaft, nach Ablauf der Kündigung die Ar-

Illegales Flugblatt um 1941 (HKS)

beit nicht wieder aufzunehmen. Dieser Beschluß wurde noch in der selben Nacht der Firma unterbreitet. Am darauffolgenden Sonntagmorgen um 8 Uhr fand bereits mit der Firma eine Verhandlung hierüber statt, die allerdings resultatlos verlief. Am gleichen Tage, nachmittags, fand nochmals eine Belegschaftsversammlung statt. Zu dieser Versammlung hatte die Firma zwei Vertreter entsandt, um zu versuchen, vor stattfinden derselben, eine Einigung zu erzielen. Dieselbe kam zustande, da die Firma erklärte, den alten Lohn weiter bezahlen zu wollen, bis weitere Lohnverhandlungen mit dem Gesamt-Bäckergewerbe stattfinden werden; demzufolge unterblieb die Arbeitsniederlegung. Aus obigem Vorgang ist zu ersehen, daß wenn die Belegschaft eines Betriebes geschlossen hinter der Organisation steht, auch in Zeiten wirtschaftlichen Niedergangs Erfolge zu erzielen sind."

Widerstand gegen Faschismus

Am 2. Mai 1934 besetzte SA das Frankfurter Gewerkschaftshaus. Mit der Zerschlagung der freien Gewerkschaften war auch das Schicksal des Nahrungsmittel- und Getränkearbeiter-Verbandes sowie des Zentralverbandes der Hotel-, Restaurant- und Café-Angestellten besiegelt. Viele aktive Gewerkschaftsfunktionäre mußten ihren Einsatz für die Organisation mit ihrer Freiheit, ihrer Gesundheit oder gar mit ihrem Leben bezahlen. Widerstand gegen die Nazis organisierte beispielsweise der frühere Sekretär des Zentralverbandes der Hotel-, Restaurant- und Café-Angestellten, Fritz Sauber, der im Jahre 1933 nach Amsterdam emigriert war. Nachdem er dort eine Art zentrale Leitung seiner Gewerkschaft aufgebaut hatte,

Johanna Tesch (HKS)

suchte er Kontakt nach allen deutschen Großstädten. In Frankfurt waren seine Kontaktleute seine ehemaligen Kollegen Georg Ulrich und Hugo Frey. Sie besorgten weitere Adressen, an die aus Amsterdam das Material des Verbandes geschickt wurde.
Die frühere Leiterin der Frankfurter Ortsgruppe des Zentralverbandes der Hausangestellten, Johanna Tesch, starb am 13. März 1945, 9 Tage vor ihrem 70. Geburtstag, im KZ Ravensbrück. Dorthin war sie nach dem 20. Juli 1944 verschleppt worden.

Literaturverzeichnis (Zit.=Zitierweise)

Allmann, Oskar, Geschichte der deutschen Bäcker- und Konditorenbewegung, 1. und 2. Band, Hamburg 1910 (Zit.: Allmann I und II)

Backert, Eduard, Geschichte der Brauereiarbeiterbewegung, Berlin 1916 (Zit.: Backert)

Buschak, Willy, Friedrich Wilhelm Fritzsche 1825-1905, Eine Biografie mit ausgewählten Reden und Schriften, Norderstedt 2015 (Zit.: Buschak, Fritzsche)

Buschak, Willy, Von Menschen, die wie Menschen leben wollen, Die Geschichte der Gewerkschaft Nahrung-Genuss-Gaststätten und ihrer Vorläufer. Köln 1985 (Zit.: Buschak, Menschen)

Buschak, Willy, Arbeitsbilder, Dokumente zwischen Symbolik und Alltag, Hamburg 1990 (Zit.: Buschak, Arbeitsbilder)

Dahms, Ferdinand, Geschichte der Tabakarbeiterbewegung, bearbeitet von Hans Winkler, Hamburg, o.J. (Zit.: Dahms)

Eichler, Volker, Sozialistische Arbeiterbewegung in Frankfurt am Main 1878 - 1895, Frankfurt 1983 (Zit.: Eichler)

Helfenberger, Karl, Geschichte der Böttcher-, Küfer- und Schäfflerbewegung, I.und II. Teil, o.O., 1928 (Zit.: Helfenberg I und II)

Linné, Carl, Backert, Eduard, Geschichte der Brauereiarbeiterbewegung, 1914 - 1928, Hamburg 1962 (Zit.. Linné / Backert)

Neuland, Franz, Proletarier und Bürger, Arbeiterbewegung und radikale Demokratie 1848 in Frankfurt am Main (Zit.: Neuland, Proletarier)

Poetzsch, Hugo, Geschichte des Zentralverbandes der Hotel-, Restauraunt- und Caféangestellten, 1. und 2. Band, Berlin 1928 (Zit.: Poetzsch I und II)

Quarck, Max, Soziale Kämpfe in Frankfurt am Main, in: Quarck /Wendel, Zwei Beiträge zur Frankfurter Stadtgeschichte, Neudruck Frankfurt 1982 (Zit.: Quarck)

Schuster, Dieter und Neuland, Franz, Zwischen Römer und Revolution, Hundert Jahre Sozialdemokratie in Frankfurt am Main, Frankfurt 1969 (Zit.: Schuster/Neuland)

Todt, Elisabeth, Radand, Hans, Zur Frühgeschichte der deutschen Gewerkschaftsbewegung 1800 - 1849, Berlin 1950 (Zit.: Todt /Radand)

Todt, Elisabeth, Die gewerkschaftliche Bestätigung in Deutschland 1850 - 1859, Berlin 1950 (Zit.: Todt)

Umbreit, Paul, 25 Jahre Deutscher Gewerkschaftsbewegung 1890 - 1915, Berlin 1915 (Zit.: Umbreit)

Verband der Nahrungsmittel- und Getränkearbeiter, Ortsgruppe Frankfurt am Main, Rechenschaftsbericht für die Zeit vom 1. Januar 1932 bis 31. Dezember 1932, Frankfurt 1933 (Zit.: VNG Bericht 1932)

Walz, Michael, Es müsse gestürmt werden, 3. April 1983: 150 Jahre Frankfurter Wachensturm, Frankfurt 1983 (Zit.: Walz)

Wendel, Hermann, Frankfurt am Main von der großen Revolution von oben (1789 - 1866), in: Quarck/Wendel, Zwei Beiträge zur Frankfurter Stadtgeschichte, Neudruck Frankfurt 1982 (Zit.: Wendel)

Weidler, Felix, Zwanzig Jahre Geschichte der deutschen Bäcker - und Konditorenbewegung 1909 - 1928, 1. und 2. Band, Berlin 1929 / 1930 (Zit.: Weidler I und II)

Bildnachweis

HKS: Archiv der Heinrich-Kaufmann-Stiftung
NGG: Gewerkschaft NGG